石丸伸二
西田亮介

JN243955

日本再生の道

GS
幻冬舎新書
762

はじめに「政治改革」を終わらせる

石丸伸二（「再生の道」代表）

これまで「政治改革」を謳《うた》う政治家は沢山いましたし、今も沢山います。しかし、政治は変わったでしょうか。

多くの政治家は「ルールを変えなくてはならない」と主張します。様々な制度や規制、その基となる法令を変える必要があると声高に叫びます。選挙に限っても、小選挙区制、選挙権年齢、ネット投票など随分前から課題は挙げられてきました。

もっとも、ルールの変更は民主主義の制度において極めて困難（difficult）な取り組みです。多数派（与党）は現行のルールが有利なので、本当は変えようという気がありません。一方、現行のルールが不利な少数派（野党）には、本当に変える力がありません。

結果として、「政治改革」という響きの良い言葉は、立場（与野党）を問わず、政治家が自分達の身分を保持するための道具に成り下がっています。どの立場でも「政治改革」は集票に繫《つな》がる魔法の言葉です。「与党にしかできない」「野党にしかできない」という応酬は、もはや神学論争の域に達しています。ただ一つ、いずれの立場でも「政治改革」という課題が残り続けた方が自らに都合が良いという真理はあります。日本の政治はこうした複雑（complicated）な状況に陥っています。一言で表現すれば最悪です。

では、どうすればいいのか。答えは極めて簡単（simple）です。「ルールを変えない」という前提に立ちます。裁量の範囲で工夫するだけなので、容易（easy）な取り組みとなります。現行のルールの中で、「どうすれば政治を変えられるのか」をひたすらに考えた結論が地域政党「再生の道」です。最善ではないかも知れませんが、確実に幾らかでもマシになると信じています。

本書では「再生の道」の構想とその背景にある思考を解説しています。YouTube番組ReHacQを通して、西田さん、箕輪さん、高橋さんの思いつきが形になった一冊です。政治家ではない人達から「政治改革」が始まっています。やはり国民の意識の中にこそ政治を変える可能性はありそうです。この動きがいつか「政治改革」を終わらせる道に繋がることを願っています。

※本文は対談の内容をライターの方にまとめていただいています。作業の都合から私の発言については一切をお任せしました。文中に意訳が含まれる点は予《あらかじ》めご了承ください。

2025年3月

日本再生の道／目次

第1章　東京都議会議員選挙のスキームとビジョン　37

第5章　適材適所と最適化の政治　175

構成　荒井香織
カバー・章扉写真　野口 博
DTP　美創

本対談は以下の日に行なわれた(於ReHacQスタジオ)。
序章～第三章　２０２５年1月28日
第四章～終章　２０２５年２月８日
聞き手　箕輪厚介(幻冬舎)

序章

地域政党「再生の道」

対談本取材の模様をリハック(ReHacQ)で全篇動画配信してみる

高橋　(ビジネス動画メディアReHacQプロデューサー)　石丸さんと西田さんの本を作るんですよね。

――はい。西田さんが「石丸さんの構想を深掘りした本を作ったらおもしろい」と言っていて、僕(幻冬舎編集者・箕輪厚介)が秒で食いつきました。

西田　そう。秒で連絡が来てビックリしました。

――高橋弘樹さんに「ReHacQとうまくからめたらいいですね」と連絡したら、いきなり電話がかかってきて「(対談収録の模様を)全部流していいですか」と言われた。たぶん出版界初なんじゃないかな。対談本を収録する様子を、本の発売と同時に動画で全篇流しちゃう。そのせいで本が売れなかったら会社から怒られそうだけど。

高橋　普段ReHacQ(の番組をもとに本を作るとき)は印税を抜くんですけど、ウチは政党とは距離を取るので、今回印税は抜きません。その代わり、記録性が高そうなので、本の内容は全篇動画で流します。

――応援のつもりで、番組を観るだけじゃなく本も買ってください。

高橋　ということで、あとはお任せします。ちなみに、本にするときはバクッと編集の手が入りますよね。

――動画で全篇出ちゃうので、編集がバクッと入りすぎると「お前ら何やねん。ここ切っただろ」とか言われそうだな。

西田　「調理」しないんですか。

――うん。読みやすくすることが編集方針かなと思ってます。話があっちに行ったりこっちに行ったりしたときだけ、コーナーはちゃんと分けて整理する。本ではそれくらいの編集にとどめます。

僕は一都民代表としてわからないことを訊くようにして、基本的に進行は西田さんにお任せしますね。

西田　わかりました。

広島県安芸高田市長辞任、東京都知事選挙、新党立ち上げ

石丸伸二は2020年8月9日から24年6月9日まで広島県安芸高田《あきたかた》市長を務め、その直後に東京都知事選挙に出馬した（6月20日告示、7月7日投開票）。都知事選は現職の小池百合子知事と元・参議院議員・蓮舫候補の一騎討ちかと思いきや、「石丸現象」を引き起こして猛追する。結果は蓮舫候補を突き放し、次点まで追い上げた。

▼小池百合子　291万8015票（得票率42・8%）
▼石丸伸二　165万8363票（得票率24・3%）
▼蓮舫　128万3262票（得票率18・8%）
▼田母神俊雄　26万7699票（得票率3・9%）

「石丸現象」はこれだけでは終わらない。24年11月12日、石丸は地域政党を立ち上げる意向を表明。25年1月15日に「再生の道」設立記者会見を開き、東京都議会議員選挙（25年6月13日告示、6月22日投開票）に候補者を立てる宣言をした。

東京都議会（定数127）には全部で42の選挙区がある。「再生の道」は全42選挙区で候

補者を立てることを目指す。本対談（第1回目）の収録時点（25年1月28日）で、すでに300人の応募が集まっているという。

西田　（公募開始から2週間で）早くも300人集まっているという話です。いきなりボールを投げさせていただくと、この数字はブラフ（ハッタリ）かもしれないと僕は思っていました。

10年4月、大阪府の橋下《はしもと》徹知事が大阪都構想を目指して「大阪維新の会」を旗揚げした。地域政党から始まった「大阪維新の会」は、後に「日本維新の会」へと発展する。彼らは全国で候補者を公募し、4000人の応募からスクリーニングして2000人まで絞った経緯がある。

22年に都民ファーストの会は政治塾「ファースト政経塾」を開いている。この会には110人が集まったが、立候補を前提とするものではなかった。「再生の道」への人の集まり方は過去に例がない水準と言える。

西田　維新の会は、日本全国の人口1億2500万人を対象に公募して2000人を集めました。東京都の人口は日本全体の10分の1ですから、有名人の橋下さんの取り組みを例に取れば200人集まれば御《おん》の字でしょう。公募からスクリーニングして優秀な人材を選抜し、最終的に100人の人材が集まれば大成功だと思います。新党立ち上げからわずか2週間で300人が集まるとは、えらく多いなという印象です。

石丸　僕は逆の印象です。

西田　ガチで現時点で300人集まっているんですか。

石丸　(25年1月28日の時点で）応募は300人を超えました。

西田　すごいですね。

石丸　安芸高田市の副市長を公募したときですら、4000人の応募があったんですよ。応募期間が長かったのと、全国から公募したせいもありますけど。副市長は選挙で選ばれるわけではなく、公務員のポストなので、「再生の道」とは公募の中身も性格も異なります。それでも4000人も応募があった。そのことを考えたら、東京都という潤沢な人材がいる場所で声をかければ、３００人くらいはあっという間に集まるでしょう。

西田　スタートダッシュでいきなり３００人集まったのは妥当だと。

石丸　うん。むしろ、まだまだ伸びると思っています。

東京都議選の候補者は25年1月15日〜2月16日に公募。2月から4月にかけて1次、2次、3次選考を実施して人材をスクリーニングし、選ばれた候補者は4月半ばから本格的に政治活動を開始する。

石丸　募集を始めて10日ちょっとで３００人集まった。締切まであと20日間近くあります。普通の人は、募集がかかってからいきなり飛びこまない。飛びこめないです。人生がかかってるので。

西田　僕だったらビビりまくりますよ。

石丸　キャリアチェンジのかなり大きな変化になる決断です。そう考えたら、応募締切の終盤間際でドカン！　と一つ山があるんじゃないかなと思っています。

仕掛け第1弾はすでに「成功」

西田　東京都議会の選挙区は42あります。「再生の道」はそこに最大55人まで候補者を立てるそうです（本対談、1月28日時点の目標人数）。公募が３００人集まっているということは、現時点でもすでに55人まで候補者をふるいにかけることができます。

石丸　そうです。

西田　つまり石丸さんが仕掛けたゲームの第1弾は、すでに「成功」していますね。伝統的な政治評論家や多くの人たちは「候補者はそれほど集まらないんじゃないか」と言っていました。僕もそう思っていたうちの1人です。公募で１００人も集まれば大成功だと思っていた。セレクションできるほど人が集まっている時点で、石丸さんの仕掛けの半分はすでに成功していると言ってもいいと思います。

石丸　自分の中で成功の壁はメチャ低かったんですよ。余裕で何百人も応募が集まると思っていました。皆さんが心配している様子を見て「ずいぶん心配性だな」と思っていたくらいです。楽観的であり強気でした。

西田　セレクションの倍率は数倍、もしかすると10倍以上になる可能性があります。人材はスクリーニング可能だし、話題が投票日まで継続するのはほぼ間違いない状態です。

石丸　地域政党「再生の道」の候補者選考は、4月半ばにいったん終わりです。選挙本番の6月まで話題作りはいくらでもできますので、これからどんどん仕掛けていきます。

西田　候補者さえ揃えば、いくらでも仕掛けようがありますからね。

石丸　はい。見せ方は自分の中でいろいろ考えています。

選挙のリアリティショー

——候補者の選考過程を見せていく手法は、選挙のリアリティショーです。『令和の虎』にしても『ブレイキングダウン』にしても、今ユーチューブでウケているコンテンツにはリアリティショーが多い。

ただしリアリティショーでバズって数字を取る人と、本当に力がある人は比例しません。番組の再生回数を伸ばして盛り上げようと思うと、ヘンテコなやつのほうが意外と機能するじゃないですか。実務的にすごい人を採るのか。ユーチューブ的におもしろい人を採るのか。どう折り合いをつけていきますか。

石丸　箕輪さんの中では、両者が重ならず離れているイメージなんですよね。僕はけっこう重なると思っています。両者に重なるフィルターは存在する。

おっしゃるとおり、ユーチューブ全体を見渡すと、ずいぶん離れている（実務能力が欠けているのに再生回数が伸びている）事例も多いなと感じます。ただし僕の観点でフィルターをかけていけば、（有能であり、なおかつおもしろい人材は）揃うでしょう。

――数字は取りそうだけど実務ができない、イロモノ的な人は選考過程で落としていきますか。

石丸　落ちます。

――そこはけっこう勇気が要りますね。僕は制作者側の人間なので、イロモノであってもおもしろい人は入れちゃいます。盛り上がらないと話にならないですから。

石丸　候補者のタレント（資質、才能）に依存しないようにしたい。トリッキーな人ではなく、実務家として能力があり、社会人として優れている人を重視する。誰もが選挙に出したい人を選びたい、真剣勝負を見てもらいたいというのが趣旨ですので、数字（動画の再生回数）が伸びなくても、そんなに困りません。

――すごい。そこまで割り切れるのは勇気がある。

石丸　なぜならば、ユーチューブって日本語ベースじゃないですか。日本の全国民1億2500万人に観てもらう必要はまったくない。選挙区の中だけでみんなが観てくれればいい。東京都港区の候補者の動画が再生回数1万回だったとしても、港区の中で1万人観てくれたらOKなのです。

――イロモノ具合も煽《あお》りも必要ない。

石丸　そこはオマケです。(こういうフォーマットは政治の世界に) 今までなかったエッセンスなので、おもしろく映るんじゃないでしょうか。今さら『ダウンタウンのごっつええ感じ』みたいな番組をやられても「それって昔あったよな」と思われちゃいますよね。焼き直しはつまらない。評価が上がるどころか下がります。手法が新しいだけでも、とりあえず「再生の道」の付加価値はあるんじゃないでしょうか。

情報を小出しにして衆目をコントロールする

西田　石丸さんがいつから「再生の道」の仕掛けを考えていたのか。2024年11月から12月にかけて、構想がググッと固まっていったという認識でいいのでしょうか。

今回の対談に臨むにあたり、僕はネット上で観られる動画を一通り予習してきました。11月14日公開のPIVOTの動画（「石丸伸二、新党構想を語る」）では、質問者の掘り下げがうまくなかったこともあって、あまり具体的な話が出てこなかった印象です。

一方で、12月24日公開のNewsPicks動画（「【石丸伸二】激震の予感。『新党』の具体像を語る」／インタビュアーはNewsPicks編集部の小林伸代さん／収録は12月17日）はすごくおもしろく、ネタはここにほとんど出揃っています。あの番組で広く話題になったのに、なぜ新党旗揚げの正式な発表を2025年1月15日まで引っ張ったのでしょうか。

年末年始を挟むと、政治の話題は一度リセットされると業界では言われます。年末に話題がリセットされることを恐れたのでしょうか。

石丸　今の推測の当たり外れを言うと、年末を挟んでから発表した理由はそういうことです。新年の年明けからスタートしたほうがいいと思いました。

結果的に発表が新年になったとも言えます。なにぶん初めての試みなので手探りだっためめ、情報の最終リリースに時間がかかったのが実際のところです。
前段のPIVOTについては、実は雑談の中では具体的な話をしました。ただしそこはVTRが回っていません。どの時期にどこまで具体的な情報を出すか。グラデーションのようにこちらがコントロールしていました。
NewsPicksの番組では、リップサービスで「再生」という言葉を何回も言っていますし、「道」のくだりも説明しています。12月の段階からユーチューブ番組で情報を小出しにし、前振りしていきました。
西田　演出家ですね。
石丸　「再生の道」を旗揚げしたら、あとでNewsPicksの再生数がもういっぺん伸びるだろうな。そう思って撮影に臨んでいました。
――すごいなあ。
西田　仕掛け人だ。
石丸　西田さんが先ほどおっしゃったとおり、11月から12月にかけて商品はもうできあがっていました。商品を包装して出荷し、お店に並べている状態です。商品を作り始めたのは、もっと手前の段階ですね。
西田 構想がだいたい出揃ってから、メディアに情報を出し始めた。
石丸 そうです。
西田 いつごろの時期に、おおむね8割から9割の構想が固まったんですか。
石丸 東京都知事選挙（24年7月7日投開票）が終わってからですね。9月ごろです。
西田 夏から秋にかけて、構想はだいたい固まっていた。
石丸 はい。自分の中では固まっていました。

バカバカしい選挙戦と腐敗した議会をガラガラポンしたかった

1982年8月12日、石丸伸二は広島県高田郡吉田町（現・安芸高田市）で生まれ育った。京都大学経済学部卒業後の2006年に三菱東京UFJ銀行（現・三菱UFJ銀行）に就職し、20年7月に銀行員を辞める。20年8月9日投開票の広島県の安芸高田市長選挙で当選した。任期途中の24年6月9日に市長を辞任。その直後の東京都知事選挙（6月20日告示、

7月7日投開票）に出馬した。

――都議会のどういう課題に問題意識をもって、「再生の道」のスキームを提案しようと思ったんですか。

石丸　話は物心がついたころまで遡《さかのぼ》ります。田舎の町でも、何年かに1回選挙があるじゃないですか。小さいころ「大人たちはなんてバカなことをやってるんだ」と冷めた目で見ていたんです。意味がわからない。滑稽に見えたんです。選挙カーに乗って名前を連呼して、道端に立って手を振る。暇なのかな、この人たち。まったくあこがれなかった。あれがカッコいいとは思えない。カッコ悪い。「あんなこと、やめればいいのにな」と思っていました。

大人になってから選挙に行くようになっても、このシステムは結局変わらない。だとしたら、中身を工夫して変えていったらいいんじゃないか。そう思いながら銀行員を辞め、選挙を経て市長になりました。「こうしていけばいい」という改善点をどんどん自分の中で積み重ねていき、都知事選に出るころまでにはだいたいアイデアを思いついていた感じです。

西田　都知事選の過去の経緯を見ると、現職候補は圧倒的に強いです。現職の小池百合子都知事に挑む選挙では、当選を視野に入れるのはなかなか難しい。都知事選当時、すでに今を見据えて新党の構想を考えていらっしゃったんですか。

石丸　はい。そのうえで申し上げますと、都知事選は本気で勝つ気でいました。勝つつもりでやっていました。もちろん簡単ではないのは理解したうえです。「負けてもいい」とか「2番を狙う」なんて考えていませんでした。

　自分が都知事になってもならなくても、やるべきことはもう決めていたんです。都議会を浄化する。都議会を健全化する。そのためのアイデアはもうできていたので、告示直前の共同記者会見（24年6月19日、日本記者クラブが主催）で「政治屋の一掃」というフリップを出しました。

西田　そこから今につながってくる。

石丸　「政治屋の一掃」というキャッチコピーは前振りです。都議会に課題があるとしたら、解決すべきでしょう。自分が仮に都知事になったとき、直接羽交い絞めするやり方は採らない。システムとして、都議会を効率良くクリーンにしていく必要があると思っていました。

小池都知事のやりたい放題　機能不全で目詰まりを起こしている都議会

――都議会は腐ってるんですか。

石丸　ある経験者が「9割腐ってる」と言っていました。

――「腐ってる」をもうちょっと解像度高く分解して言うと、どういう意味で腐ってるんですか。

石丸　僕の評価としては、議会としての機能が果たせなくなっています。都議会の役割は、知事（執行部）の評価・監視をすることです。その仕事ができなくなっている。知事与党が作られてしまったので、知事が「これをやるぞ」と言ったら議会が「はいはい、わかりました」と賛成するための装置になっているんですよ。自民党・公明党・都民ファーストの会が都議会の80議席を占めているので、小池さんはやりたい放題なんです。

２０１７年7月2日投開票の東京都議会議員選挙で、小池百合子知事が率いる新党「都民ファーストの会」がいきなり49議席を獲得して第一党となった。選挙前に57議席を占めていた自民党は34議席を減らして惨敗し23議席、公明党は23議席を獲得している。これにより、都議会で自公両党が過半数を占めるパワーバランスは崩れた。

21年7月４日投開票の都議選では、実質、知事与党の都民ファーストの会は31議席へと大きく議席を減らした。ただし、定数１２７議席のうち自民党は33議席、公明党は23議席（合計56議席）だから、自公両党だけで過半数は取れない。

17年から今に至るまで、都民ファーストの会が都議会のキャスティング・ボート（議決権をどちらにも左右できる立場）を握り続けている。小池都知事の政策に反対する提案があったとしても、キャスティング・ボートを握る都民ファーストの会が議決でひっくり返してしまえる。

――そもそもの役割である「知事の監視機能」が働かなくなっちゃった。

石丸　都議会は、本来果たすべき役割を果たせなくなってしまいました。残り40議席の野党は「自分たちがブレーキとして働く」と言うのかもしれませんが、野党は過半数を取っていないので、ブレーキを踏んでも踏んでもかからないのです。つまり与党だけでなく、野党も機能不全になっている。自暴自棄になってあきらめ、「なんなら全部反対してやる」という不毛な状態に陥ってまともな議論になりません。

――恐ろしく不毛ですね。

石丸 不毛です。

――そんな不毛な議員に、毎年千何百万円も歳費（給料）を払い続けているんですか。

石丸 はい。

――それはたしかに変えたほうがいい。

まずは47都道府県議会&20の政令指定都市から攻める

西田 東京都は特別です。もちろん首都だということもありますし、日本の多くの課題がまだあまり表面化していない場所でもあります。東京都は財政的にとても豊かでして、特別会計などを合わせた予算規模は15兆円にのぼります。そこそこの規模の国家並みです。さらに東京は今も人口が増え続けています。

こういう地域では、議員の役割はスポイル（ダメになり、価値がなくなる）されがちです。つまり都議会議員がよく働こうが働くまいが、東京は成長を続けていける。機能し続けていけます。石丸さんはそこに改革の目を向けていかれました。

直近の都知事選のおかげで、東京は石丸さんの名前が一番よく知られている場所です。そういう意味において、東京は「再生の道」を旗揚げするにはいい場所だった。

石丸　そうですね。人材が豊富なところも大きなポイントです。地方では有為なハイクラス人材を探すのが難しいんですよ。地方に比べると東京にはハイクラス人材がいくらでもいるので、まずは東京から始めようと考えました。

西田　企業の本社機能は東京に集中しており、若年人口が集中しています。

石丸　おっしゃるとおりです。東京には事業会社が集中していますし、大学やアカデミックな研究者もたくさん集まっています。

――「再生の道」のスキームが東京でうまくいけば、地方に広げていきたい。地方に広げていくときに、そもそも地元に人材がいないという問題はどうやってクリアしますか。

石丸　そこは大きいですね。ですから都議選の次は、東京以外の46道府県議会、さらに20の政令指定都市への進出が目標です。つまり都市部がメインになります。「再生の道」のスキームが田舎でも成り立つかと言われたら、ちょっと厳しい気がします。

有権者の難もあるんですよ。高齢者が多い地域ではユーチューブを観てもらえません。高齢者はネットを使わない。依然としてテレビや新聞がマジョリティ（多数派）の世論を形成する地域では、ユーチューブを使った世論形成はとたんにワークしなくなります。

第1章 東京都議会議員選挙のスキームとビジョン

「再生の道」は政策ゼロなのか？

西田　そろそろ「再生の道」本体のお話をおうかがいしていきます。新党ができた当初から、「政策がない」という批判が向けられてきました。そうした意見に、僕は必ずしも同意するものではありません。どう見ていましたか。

石丸　「そう言われるだろうな」と思っていました。想定どおりで「ちょっとかわいぃな」という感じです。ちっちゃい子がムキになって「キャーッ！」とやってくる感じ。「ああ、よしよし、よしよし」って。

西田　「『再生の道』には政策がない」と言っている人たちは、石丸さんが新党旗揚げのときに示したスライドを読んでいるのでしょうか。記者会見で質問している記者は、ろくに読んでもいないんじゃないですか。

石丸　横田一《はじめ》さん（黒いサングラスがトレードマークのフリージャーナリスト）とかですよね。

西田　〈地域政党として、広く国民の政治参加を促すとともに、自治体の自主性・自立性を高め、地域の活性化を進める。〉（「再生の道」が掲げる「目的〈Purpose〉」）

これって政策であり、主張ですよね。

石丸　はい。

西田　みんな何を見ながら「『再生の道』には政策がない」と言っているのでしょう。

石丸　〈多選の制限のみ（2期8年を上限とする）。〉（「再生の道」が掲げる「綱領〈Charter〉」）

この綱領も、政策といえば政策です。多選の制限によって新陳代謝を促し、有為な人材を入れ、そして（2期の議員活動を終えた人材を外部に）輩出していく。

都知事選のときと全然違った作戦を今回採っているのは、明確な理由があります。僕が政策を打ち出すのは簡単なんですよ。それこそ「ブロードリスニング」[*1]とかね。（政策を）自分自身でひねり出すことはできるんですけど、それをやったら（「再生の

＊1—「ブロードリスニング」（broad listening）とは「声を広く聞く」という意味の英語。2024年7月の東京都知事選挙で、AIエンジニアの安野貴博候補が採用。AIを活用し、SNS上の民意をすくい取っていった。

道」所属の議員候補に）「石丸伸二」というキャップをハメることになっちゃうと思うんです。すると僕以上の能力が発揮できなくなる気がする。

それってショボくないですか。せっかくたくさん人が集まっているチームなのに、完全ワンマン体制で、たった1人のワンマン以外は全員手足のように動く。そういう企業はあってもいいかもしれないですけど、政治という言論の場、真髄の場所でそれをやるなんてアホだと思うんです。

「石丸伸二」というキャップを外して、僕ですら（議員候補たちがいる）フィールドからちょっと離れたところにいる。そして「皆さんで侃々諤々《かんかんがくがく》やってください」。こっちのほうが拡張性が高いと思うんです。

僕がやるべきことは、あくまでスペックがいいパソコンを用意する。パーツを集める。必要なアプリケーションはみんながそれぞれインストールしたり、自分で開発してもらう。そっちのやり方のほうが、使えるパソコンができると思うんです。

西田　各自の自主性を促す。自主性を養ってもらう。

石丸　そういうことです。

議院内閣制と二元代表制の根本的な違い

――著名な経営者とご飯を食べていたら、石丸さんの話が出たんですよ。その人が「政策がないよね」と言っていました。「二元代表制では、議員は政策を提案できても執行する権利がないんですよ。だから議員が政策なんてもっていても、絵に描いた餅になっちゃうんです」と僕が言ったら、「そうなんだ」と言っていました。経営者レベルのハイクラス人材でも、議院内閣制と二元代表制の違い[*2]について知らないみたいです。

＊2――議院内閣制のもとでは、国会議員は有権者が選挙で選ぶ。内閣総理大臣は有権者による直接選挙では選ばれず、国会議員の投票によって決まる。
都道府県議会や市区町村議会では、議院内閣制が採用されていない。地方議会では二元代表制が採用されており、地方議員も首長も直接選挙で選ばれる。地方議会では予算や条例の提出権限をもっているのは首長であり、地方議員には首長が提出した予算や条例を採決する議決権しかない。

明石市の泉房穂市長、安芸高田市の石丸伸二市長のように多数派与党に所属しない首長と地方議会は、意見が鋭く対立して予算や条例が簡単には採決されなくなる。「行政が滞る」とも言えるし、「首長と議会がナアナアの馴れ合いに陥らず、予算や条例は簡単には通過しない」とも言える。

石丸　「地方議会は国会をコピーしたものだ」ととらえている人が多いんですよね。みんな「とにかく議会で議席を取ることが大事だ。多数派工作が大事だ」というイメージをもってしまっている。

二元代表制の地方議会は、国会とは違います。それぞれの議員がポリシーを掲げるのはいいんですけど、（政党として）それをまとめにいくのは、単に（小池都知事と都民ファーストの会の関係性のように）首長与党を作って運営しやすくするための裏技だと感じます。

10年に一度風が吹く「地方から政治を変える」ブーム

西田　もともと熊本県知事だった細川護熙《もりひろ》さんが1990年代に地方から出てこられて、日本新党を結成して政権交代を果たしました。

熊本県知事（83年2月〜91年2月在任）だった細川護熙は、日本新党を結成。93年7月の衆議院総選挙で日本新党はいきなり35議席を獲得し、国政のキャスティング・ボートを握る。

宮澤喜一内閣を最後に自民党単独政権（55年から続いた「55年体制」）は崩壊し、細川は連立与党を束ねる内閣総理大臣に躍り出た。

西田　さらに90年代から２０００年代にかけて、宮城県知事の浅野史郎さん（１９９３年11月〜２００５年11月在任）や三重県知事の北川正恭《まさやす》さん（１９９５年４月〜２００３年４月在任）といった改革派知事が出てきました。北川さんは「マニフェスト（政権公約）」という概念をイギリスからもってきて、地方で改革を進めます。

２０００年代半ばを過ぎると、宮崎県知事の東国原《ひがしこくばる》英夫さん（07年１月〜11年１月在任）や橋下徹さん（08年２月〜11年10月に大阪府知事、11年12月〜15年12月に大阪市長）が出てきました。

つまり「日本を変えよう」という構想や野心をもった政治家が10年おきに地方から出てきて、メディアでフィーチャーされています。

石丸　（これらの過去の首長の挑戦を）参考にしながら、そこから逆算して（戦略を）導いています。

西田　参考にされているんですね。

石丸　「××は失敗だったな。だから、こうしたほうがいいんだな」という意味での「参考」です。「△△がうまくいった。自分も真似しよう」という意味での「参考」はあまりないです。

二元代表制におけるアクセルとブレーキ

石丸　東国原さんの登場によって宮崎ですごい改革が起き、宮崎のイメージは変わりました。あのとき宮崎県議会はどうだったのか。宮崎県知事の反対側に宮崎県議会があったはずです。でも、県議会の話は全然出てこなかったですよね。

知事の改革について宮崎県議はどうとらえていたのか。反対したのか。賛成したのか。東国原さんの人気があるから、首に縄をつけられて、ただ言うことを聞かされていたのか。それとも、知事と議論をした末での賛成だったのか。たぶん、誰も知らないと思うんです。宮崎県民ですら知らないんじゃないか。これって不健全だし、もったいないと思うんです。

――何が問題なんですか。ブレーキの役割としての議員たちの生の声がわからない？

石丸 コーナーを最速で抜けるためにアクセルを踏むときもあれば、ブレーキを利かせるときもあります。「あなたは本当にブレーキを踏んでましたか？」「ブレーキをかけてましたか？」という危惧です。

――ブレーキにはメリットとデメリットがあります。「これをやるぞ。改革するぞ」というときには、中途半端にブレーキを利かせるのではなく、「多少事故る可能性があってもアクセルを踏んじゃえ」というほうがいいかもしれません。（知事による）独裁のほうが強いときもあるじゃないですか。それを含めて「（議会が知事の仕事ぶりを）ちゃんと検証したのか」という問題意識ですか。

石丸 そうです。二元代表制のいいところは、1人の人間（首長）に権力を集中させるので、（改革の）コーナリングがうまくできるところなんですよ。1人の視点（首長の改革）を、違う人（議員）から多角的に評価してもらう。「今はアクセルを踏みこみすぎているな。ここで減速しないとコーナーを曲がれなくなる。コーナーを抜けるときにある程度膨らむよ」と（首長に）気づかせてあげるのが県議会の役目だと思うんです。

改革をもっと進めたほうがいいときには「ここはもうちょっとアクセルを踏もう。そのほうが速くコーナーを抜けられるよ」と示してあげる。

――けっこう大変な仕事ですね。

石丸 そうです。自分の利権以外何も考えていないおじいちゃん議員がやれるような仕事ではない。

――

石丸 もっと強く神経を張ってメチャクチャ考えて、思考の末に賛成か反対かをジャッジしないと。（二元代表制の中で）首長以下執行部は全身全霊をかけて仕事をやっているのに、議会のほうはぬるいんですよ。賛成か反対か時々訊かれて、立ったり座ったりする。健康のためのストレッチみたいになってるんです。

――安芸高田市長をやっていた当時から、議員に対してそう思っていましたか。

石丸 市長のときに痛感しました。（地方議会の議員は）もともとそうなんだろうなとは思っていたんですよ。それこそ東国原さんのニュースを観ながら思っていました。「あれ？　議会はみんな何をやってるんだろう。二元代表制なのに（宮崎県議会の話題が）全然ニュースに出てこない。寝てるのかな」って。市長になってみたら、やっぱり寝てました。

投票率アップでドン！　と動く浮動票

――（議会が機能不全に陥ってしまう）根本原因は、多選の制限がなくて任期が長く続いちゃうことですか。

石丸　そうです。（議員の存在そのものが）既得権益になってしまう。既得権益を囲いこみ、新規参入の障壁がメチャクチャ高くなる。だから選挙では現職が有利なのです。

――素人目線の質問ですみません。「囲いこむ」とはどういうことですか。

石丸　選挙の票田を自分の縄張りにしてしまう。だから現職が有利なんです。顔と名前が売れていて有名ですからね。だから選挙で通ってしまう。*3

――それは東京でも同じですか。

＊3――選挙では、①地盤（後援会や労働組合などの支持母体）、②看板（知名度）、③カバン（政治資金）の「三バン」をもつ現職が有利だと言われる。「三バン」をもつ議員は多選を重ねていつまでも議員の座に居座り、既得権益をどんどん自分の手元に囲いこむ。

石丸　かなりの程度そうです。

――ユーチューブというツールを使っても、普通に戦ったら「新たに政治に挑戦します」という「再生の道」の新人が勝てるようなものではない。

石丸　厳しいです。都知事選は全員（東京都で暮らす全有権者）を巻きこみ、しかもたった1人を決める選挙ですから、新人候補でもワンチャンが起きるかもしれません。でも歴代の都知事を見たら、だいたい著名人ばかりですよね。小池さんも猪瀬直樹さんもみんなそうです。議員も同じなんですよ。

――一般の人は議員の名前なんて知りません。それくらいのレベルの「著名」でも強いんですか。

石丸　そうなんです。なぜならば、岩盤の組織票を囲いこんでいるからです。「涵養《かんよう》」という言葉があります（「大地に水が染みこむように、ゆっくり少しずつ養い、豊かに育てていく」という意味）。「よしよし、よしよし」と（慈《いつく》しみながら票田を）育てる。これがあるから現職は強い。新人には基本的に組織票なんてないんです。

――（現職は）商店街とメチャメチャいい感じになってたりする。

石丸　（新人が登場する前に）すでに囲いこんでいるから、現職のほうが有利なんです。

――じゃあ「再生の道」の候補者たちはどうやって勝つんですか。

石丸　土台がまったくないところからの始まりですが、伸びしろでがんばります。

――投票率が上がらないと厳しい。

石丸　ヨーイドン！　と選挙戦が始まった瞬間から、知名度と認知度を上げる。投票率を上げる。ここで勝負は成り立ちます。

兵庫県知事選挙の「2馬力選挙」と名古屋市長選挙

――西田さんから見て「再生の道」の勝ち筋はどのくらいあると思いますか。

西田　都議選の候補者募集を始めた瞬間から、あっという間に応募者が300人も集まった。応募者の数は締切までもっと伸びる。たぶん投票率は上がると思います。今ネットも含めて注目が集まる選挙区の投票率は、だいたい前回よりも上がっているんですよ。従来とは違う投票行動が起きています。その結果、「これでいけるだろう」と思われていた予想が覆《くつがえ》っているのです。

記憶に新しいところでは2024年の衆議院総選挙や兵庫県知事選挙がそうでした。同じく24年に行なわれた名古屋市長選挙では、投票率は伸びてはいませんが、関心の向き方が通常と違いました。

兵庫県知事選挙（24年11月17日投開票）では、パワハラ疑惑で猛攻撃された現職の斎藤元彦候補が「ゼロ打ち」（開票が始まる20時0分に「当選確実」が出る現象）で当選した。投票率は55・65％と、前回の選挙（41・10％／21年7月18日投開票）より14・55ポイントも伸びている。その結果、市民派の対抗馬・稲村和美候補（前・尼崎市長）を破った。

名古屋市長選挙（24年11月24日投開票）の投票率は39・63％と、前回の選挙（42・12％／21年4月25日投開票）より2・49ポイント下がっている。前職・河村たかし市長の後釜である広沢一郎候補は、自民党・公明党・立憲民主党・国民民主党が相乗りで応援する大塚耕平候補（元・参議院議員）を「ゼロ打ち」で撃破した。

西田　「2馬力選挙」と呼ばれるやり方は、少なくとも公職選挙法の理念に抵触する可能性が極めて高いと思います。そうした戦略も含めて、従来の業界の常識では考えられないことが起きている。「再生の道」もそれと同じように、従来とは違う旋風を巻き起こす可能性は大いにありうるでしょう。

兵庫県知事選挙では、斎藤元彦候補の対抗馬として出馬したかのように見えたNHK党の立花孝志候補が「2馬力選挙」を展開した。「2馬力選挙」とは、自分の当選は目指さず、選挙に乗じてほかの候補者を応援するトリッキーな戦術。

東京都議選の勝敗ライン

西田　東京都議選について、少し情報を補足しますね。東京都議会の選挙区は、1人だけが当選する1人区と、複数人が当選する選挙区があります。総じて言うと、だいたい2万票から3万票集めると従来の当選ラインを超えます。投票率が上がると、この当選ラインが変わってきます。

このところ、おおむね一貫して既存政党への不信感は根強いです。「自民党は良くない」「政治とカネの問題で自民党に逆風が吹いている」「国政とまったく同じ構図どころか、より悪質性が高い政治とカネの問題が都議会自民党で出てきた」。とりわけ自民党への不信感は根強い。

都議会自民党の議員が、政治資金パーティの収入を政治資金収支報告書に正確に記載せず、裏ガネ化してきた実態が明らかになった。2025年1月現在、都議会自民党には30人の議員が存在する。自民党は、宇田川聡史・都議会議長を含め6人の重鎮（幹事長経験者）を都議選で公認しないことを決めた。

西田　石丸さんが出馬した東京都知事選挙と並行して、東京都議会の補欠選挙が行なわれました（24年7月7日投開票）。自民党や立憲民主党は出した候補者数に対して、当選した議員の数が圧倒的に少ない。共産党の候補も、4人出馬して当選ゼロです。自民党に限らず（都民ファーストの会を除く）既存政党は、全般的に支持されていません。

都議選の補欠選挙は9選挙区で実施された。結果は自民党が2勝6敗、都民ファーストの会は3勝1敗、立憲民主党は1勝2敗、日本維新の会は0勝2敗、共産党は0勝4敗だった。

西田　裏返して言えば、既存政党への不信は挑戦者にとって有利になります。「再生の道」が候補者を擁立《ようりつ》できないどころか、公募で100人、300人集まった。人材をセレクションできる。直近の24～25年間に政治の世界で起きた流れになぞらえると、明らかに波をとらえています。

日本経済新聞社&テレビ東京の定例世論調査

石丸　うれしかったデータがあります。日本経済新聞社とテレビ東京が定例世論調査を実施しました（2025年1月24～26日）。「『再生の道』への期待」を質問したところ、「期待する」と回答した人は33%、「期待しない」と回答した人は58%だったのです。

〈年代別にみると若い世代から期待を集めた。「期待する」と答えたのは10～20代の55%が最も多かった。30代は46%、40〜50代は37%、60代以上は24%と続いた。年齢層が高いほど「期待しない」と回答した割合が高い。60代以上で67%、40〜50代で58%、30代で48%、10〜20代で32%となった。〉

（25年1月27日、日本経済新聞）

石丸　日経新聞の記者は「世論はネガティブにとらえている」という記事を書きたかったのかもしれません。でも世論の見方は全然ネガティブではなかったのです。

東京都知事選挙のとき、僕の得票率は24・3%でした（165万8363票）。小池百合子さんの得票率は42・8%（291万8015票）でしたから、ほぼダブルスコアで負けています。（25年1月末の段階で）期待値が3割を超えている。24年夏（都知事選当時）よりも勢いがついている。そのことが世論調査のデータに表れているのに、記事はネガティブに書いているので「こいつら！」と思いました。

オカネが儲からなくてもいいハイクラス人材

――候補者の質はどんな感触ですか。

石丸　一言で言うと、ハイクラス人材が揃ってきています。

西田　「ハイクラス人材」の解像度を、もう少し上げていただけますか。

石丸　経営者や課長・部長級など、ビズリーチ（管理職や専門職など、ハイクラスに特化した転職サイト）がターゲットにしている層です。

――僕のまわりのお医者さんやスーパーサラリーマン、経営者などが3人ぐらい「マジで出ようかな」と言ってましたよ。あの人たちはオカネがほしいわけじゃないんです。そういう人も公募で集まっていますか。

石丸　います。経営者のほかには士業の方ですね。どういう動機で応募してきたのか見ると、「自分のキャリアを生かしたい」「今のキャリアに満足したから、何か役に立ちたい」。義侠心、愛国心的なものが動機になっている方が多いです。「この国はまだまだ捨てたもんじゃないな」と思いました。箕輪さんがおっしゃるとおり、オカネが目的ではない。

――この数年選挙が盛り上がっていることもあり、飲み会で政治の話題が出ることが増えました。綺麗事《きれいごと》ではなく、みんな問題意識はもっている流れがありますよね。

大前研一氏の「平成維新の会」

西田　「多選の制限」もさることながら、「他党との掛け持ちＯＫ」も石丸さんのおもしろいところです。

１９９０年代に大前研一さん（経営コンサルタント）が「平成維新」「新・薩長連合」を掲げました（92年11月に「平成維新の会」を旗揚げ）。あのとき大前さんは「国政政党との相乗り、重複立候補を認める」と主張しています。

大前さんの挑戦は、90年代の時代の流れにあまりそぐわず終わりました。あのころは今のような政治不信は蔓延《まんえん》しておらず、バブル崩壊直後の時期です。「失われた30年」（長期不況の時代）が始まる前の時期に、大前さんの主張はあまり社会的に受け入れられませんでした。

石丸　不勉強でして、大前さんの取り組みについては知りませんでした。

西田　そこは参考にはしていない。

石丸　では、どうやって「他党との掛け持ちＯＫ」という考え方を組み上げていったか。国政政党のポリシーとイデオロギーが実に鬱陶《うっとう》しくもあり、微笑ましいなと思って見てきました。

岐阜県知事選挙（2025年1月26日投開票）で、自公・立憲民主党・国民民主党が推薦を出した相乗り候補が勝ったんですよ。やっとるやんけ。イデオロギーはどこに行った。

岐阜県知事選では新人の江崎禎英候補が43万6418票を獲得。共産党新人に大差をつけて当選。

石丸　地方自治では（与野党相乗りの選挙を）やってるんです。できるんです。国政政党の皆さんは何を言ってるのか。自分たちはやっておいて、僕がやろうとしたら批判する。そのダブルスタンダードが笑える。国政政党のどことどこがひっつくかは、かなり難しくセンシティブな問題です。でも地方ではできている。だったら僕もやります。そこを大々的に打ち出しただけなんです。

すでにあるものを是認しただけであって、実は（「他党との掛け持ちOK」に）目新しさはありません。あらためて声に出しただけなんです。

「多選の制限」をすでに実行している事例

西田　「多選の制限」は何を見てお考えになったんですか。

石丸　2期8年の多選の制限は、あらゆるところで見かけたものを採用しました。アメリカの大統領制もそうです。3選、4選、5選……となったとき、日本国内ではマスメディアが多選に対する批判をしょっちゅうやってきました。

西田　さすがに長すぎると。

石丸　例を出すと、広島県の湯﨑英彦知事は4期目です（2009年11月〜在任）。「多選は良くない」と批判してきた当の本人が多選をやっている。地元の中国新聞は、そのことをチクチクチクチク批判しています。僕自身は「湯﨑さんにはまだまだやってほしいな」と思っているんですよ。でもご自身が批判していらっしゃったところを、自らやってしまうのはどうなのか。

好むと好まざるとにかかわらず、（一つのポストにいつまでも）居続けてしまうのは良くない。そこでバツッと切ってみようと考えました。
どこだっけな。東京都議会だったかな。地域政党の中で「1期しか認めない」みたいなところがあるんです。「ローテーションでやる」と言っているんです。いつまでもずっと議員をやらない。でも、それって浸透してないじゃないですか。知名度がないんですよ。

「東京・生活者ネットワーク」は「議員はローテーションで回す」と謳っており、1期4年ないし2期8年で引退しなければならない（どんなに最長でも3期12年まで）。議員を引退したあとは、市民活動や地域の活動に従事するよう促す。25年1月現在、「東京・生活者ネットワーク」は東京都議会で1議席しかもっていない。

池田勇人首相の所得倍増計画

石丸　池田勇人《はやと》という首相は、みんなが知っているすごい人です。池田勇人首相の所得倍増計画（1960年）は、すでにやっていること、すでにできていることを口にしたから認められたんです。即《すなわ》ち、当時は高度経済成長に向かう途中でした。所得倍増はどうすれば実現するか。毎年7%ぐらいずつ成長すると、10年で2倍になるんです。それまでの成長率は、年間10%を超えていました。

――それは知らなかった。

石丸　当時はGDP（国内総生産）ではなくGNP（国民総生産）という指標を使っていました。あの人って、GNPが伸びているときに「所得を倍増させる」と言った。勢いを言葉にしただけなんです。

――ネーミングして概念化して、みんなで共有できる形にした。

石丸　そうです。すでにやっていたことをみんなで共有した。実際、10年も経たないうちに所得は2倍になっています。

西田　7年か8年で達成しましたよね。

石丸　そりゃ行くよ。だって、今までずっと勢いがあったんだから。なんなら保守的に言ってるんです。「5年以内に所得を倍増する」だったら、もっと勢いがついたはずですよ。

ここは政治のテクニックです。ゼロから何かを生み出すなんて難しいことは、なかなかできるものではありません。すでにあるものを使って、「タリーズのコーヒーはおいしいです。ドトールもいいけど、タリーズですよ」と押し出す。僕がやっている演出はそれぐらいのものなんです。

西田　直近の様々な取り組みだけでなく、もっとスケールが長い歴史的な取り組みも参考にされている。

石丸　そうです。細かく参考にしています。今申し上げた池田勇人の例は経済政策ですが、これは政治改革の文脈で使えると思いました。あらゆる意味で、いろいろなことを参考にしています。

反面教師としての橋下徹氏・大阪都構想

西田　石丸さんがどうやって構想を固めたのか、もう少しおうかがいします。反面教師も含めて、具体的に参考にしたものがあれば教えていただきたいです。

宮崎県知事時代、東国原英夫さんは（自らが進める劇場型政治について）「東国原シアター」という言い方をしました。もともとテレビの中の著名人だった橋下徹さんは、地方政治家としてメディアで旋風を起こすことに、ものすごく関心があったのではないでしょうか。

橋下さんの仕組みの仕掛け方は、石丸さんととてもよく似て見えるんです。というのも、橋下さんがテレビの世界から政治の世界に挑戦されたのは、ちょうど石丸さんと年齢的に同じぐらいの時期でした。

橋下徹弁護士は日本テレビ『行列のできる法律相談所』で人気に火がつき、38歳だった2008年1月27日投開票の大阪府知事選挙で当選。政界進出を果たした。石丸伸二は41歳のときに東京都知事選挙に初出馬した。

西田　橋下さんは当初大阪府知事選挙に出てこられた。地方を変え、大阪都構想を実現するために、従来ではほとんどタブーだと考えられてきた知事と市長の入れ替え選挙もやりました。

民主党政権（09年9月〜12年12月）の時代には、地方の勢いに乗じて国政にも進出し、議席を獲得しています。不安定な民主党政権に対して迫り、（大阪都構想を問う）住民投票を可能にする大都市地域特別区設置法を成立させました（12年8月に国会で成立）。

地域を変えるために国政に働きかける。実際にこの規模で取り組んだ例は、ほかにほとんどありません。石丸さんと形は違えど、橋下さんは仕組みを仕掛ける立役者でした。その橋下さん（1969年6月生まれ）は、石丸さん（82年8月生まれ）より一回り上の世代です。参考にされたところはありますか。

石丸　大いに学びました。失礼な言い方をすると「成功」と「失敗」両方からです。「成功」という意味では、維新がやろうとしているのは基本的に行政改革なんですよね。無駄を省く。身を切る改革。効率的にやりましょう。それはやったらいいと思うんです。共感を得やすいですよね。その究極形が大阪都構想でした。

大阪都構想を実現するために、政治的な動きを繰り広げていった。国政にも出た。でも都構想というイデオロギーを頂点にしてしまったせいで、そこからの拡張性がなかった。だから東京に進出してきて伸び悩んだ。萎《しぼ》んでしまったのだと思います。

「だったら、はなからキャップをハメなきゃいい」というのがさっきの話です。何より僕は、行政改革ではなく政治改革をテーマにしています。これは永遠の課題なので終わりがありません。

東京23区には応用不可能な大阪都構想の限界

国会で大都市地域特別区設置法を実現させたあと、地域政党「大阪維新の会」は大阪市内の24区を5つの特別区に再編しようと試みる。特別区再編の是非を問う住民投票が2015年5月17日に実施され、賛成69万4844票、反対70万5585票という僅差で否決された。

西田　大阪都構想の改革や成果は、当然のことながら東京ではそのまま受け入れられません。東京には23区の特別区が設置されています。隣の区に行けば、それぞれ抱えている課題はまったく違います。沿岸部に行けば格差の問題があるかもしれないし、田園調布（大田区と世田谷にまたがるエリア）に行くと、そこにはまったく違う風景が広がっていたりします。東京23区にはそれぞれ全然違う問題がある。

ならば石丸さんがバン！　とボールを投げるよりも、それぞれの議員が考えて問題解決していく仕組みこそが大事だと。

石丸　はい。おっしゃるとおりです。一人一人の議員の資質を求めますし、彼らがしっかりと活動する枠組みを作らなければなりません。人間、易《やす》きに流されますからね。

勢いをつけて当選した都民ファーストの会の新人議員が、議員になってからサボり癖がついてしまう。というか、議員はいくらでもサボれちゃうので、だんだん易きに流れるのは当たり前です。そこはどこの党に限らず同じです。

だとしたら、2期8年という終わりがあったほうがいい。人間ってエンドがあるとがんばれるじゃないですか。締切があると追いこまれ、成果を挙げようとがんばります。締切がなかったら「いつかやればいい」とか「いつか成功するんじゃないか」と甘く考えますよね。その甘えを排したかったんです。

安野貴博氏の「ブロードリスニング」で民意はすくい取れるのか

西田　東京23区は、一見限定された地域です。その東京においてさえ「これだ！」と政策を掲げるよりも、個々の議員が「考える力」を発揮したほうがいい。石丸さんは「考える力」がある人を集める側に回る。そんな発想ですか。

石丸　はい。（東京都知事選挙に出馬した）安野貴博さんが「ブロードリスニング」を打ち出されました。あれがあったら議員なんて要らないんじゃないか。僕は党としてあれを採用しようとは考えていません。

個々の議員や候補者があれを採用したら、政策なんていくらでも打ち出せますよね。でもそれをやったら、ほかの党と一緒になってしまいます。国政レベルも含め、国民民主党などほかの政党がみんなあれを使い始めたら、党の意味なんてなくなります。

最終的に求められるのは、ツールを使う人間の資質なんですよ。ここにパソコンがあったとします。小学生にとってのパソコンと、大人にとってのパソコンは全然パフォーマンスが変わりますよね。能力が高い人、力がある人を都議会に座らせたいんです。

――メチャメチャ倫理観も問われますね。

石丸　もちろんです。僕はブロードリスニングを含め、ＡＩに基づく意思決定についてものすごく危惧しています。

ＮＨＫが『17才の帝国』という渋いドラマを放送しました（２０２２年５〜６月放送）。

ＡＩによって選ばれた17歳の総理大臣が、ＡＩを駆使して住民の満足度をリアルタイムに測っていく。商店街の再開発といった政策を前に進めるべきか否かは、住民投票によって都度都度決める。

石丸　これがうまくいかないのは当たり前です。ほとんどの人は、全員目の前の幸せを追うんですよ。でも、それでは究極的には幸せになれません。

自分たちの代表、エリート、集団社会において指導的立場に立つ人間を、みんなが合意して選ぶ。彼らに決めてもらう。運命を委ねる。これが人類の叡智だと僕は思うんです。彼らが責任をもって中長期的な、あるいは超長期的な視点で利益を追求する。これが人類の幸福に資すると思います。

みんなに意見を訊くのはやめたほうがいい。途中までにしておいたほうがいい。みんなの意見を全部聞いていたら、ものすごいポピュリズム、究極のポピュリズムになってしまいますよ。

人間を不幸にするポピュリズム

――もう、目の前のオカネにしか興味を示さなくなりますよね。

石丸　「税金をなくしてくれ」と言ったら、全員賛成するじゃないですか。

西田　「手取りを増やせ」とか。

石丸　そう。その裏側にあるデメリットまでちゃんと考えられる賢い人、賢人を生み出す。それが民主主義という装置だと僕は思っています。

――（AIの意見は）参考程度にしかならないと思うんですよね。

石丸　というよりも、参考にしちゃいけないんです。

――家入一真さんが出てきたとき（2014年2月9日投開票の東京都知事選挙に出馬）、「みんなの声をインターネットで集める」と言ってツイッター（現・X）で政策を集めました。緩やかな形でSNSから影響を受けるのではなく、それをもっと加速させると、倫理観がない政治家は超ポピュリズムに走ります。「再生の道」の都議候補が資質をもてるか。かなりハードルが高くないですか。

石丸 応募を見ながら、そういう覚悟をもっている人はけっこういらっしゃると思いました。「2期8年、もしくは1期4年しか議員をやらない」という有限の責任がいいのだと思います。

西田 要するに、倫理性は評価しにくい。ならば仕組みで歯止めをかけていくということですね。

石丸 おっしゃるとおりです。「3期、4期、5期……人生が終わるまで生涯政治家でいたい」。そういう気持ちがちょっとでもあったら、目先の利益を優先して意思決定してしまいます。だって、次の選挙でも受かりたいですからね。そうじゃなくて、4年で終わりたい。4年で終わっていい。がんばっても8年しか時間がない。そう思ったら、本当に理想を追求せざるをえなくなるんじゃないですか。政治家として、その先はないんですから。

第2章 選挙制度の虚と実

アメリカの憲法学者キャス・サンスティーンの「べき」論

西田　アメリカのスター憲法学者にキャス・サンスティーンという人がいます[*1]。

この人が何を言っているかというと、「有徳の人物が政治家になるべきだ。しかしながら、政治家は目の前のバイアス（思考や行動の偏り）に引きずられる」ということです。「バイアスに引きずられる」とはどういうことかというと、石丸さんが前章でおっしゃったように、有権者が目先の利益に反応するとき、選挙が気になる政治家も同調してしまう。そこでキャス・サンスティーンは「政治家は有権者の表面的な民意ではなく、有権者の背後にある潜在的な民意に目を向けなければならない」と言います。

サンスティーンは行動経済学の発想を憲法学に取り入れ、ナッジ（nudge＝人間が望ましい行動を取るよう、緩やかに誘導する手法）の議論をしてきました。ところが、この点に関しては「べき」論を発揮して「有権者の背後の潜在的な民意に目を向けるべきである」と主張します。

では、その「べき」論をどうやって実行するのか。トランプ政権誕生以前の議論ですが、サンスティーンは「ナッジを取り入れながら問題を解決すると合意できる」「保守派と急進派、革新派の間を（漸進的に）埋めていく（リバタリアン・パターナリズム）。それこそがアメリカ的なやり方だ」と言うのです。

石丸さんの場合、仕組みで担保することによって、有権者の直近の民意に反応するだけではない人を発掘しようとしているように見えます。

石丸　そのとおりです。これは僕が子どものころからあこがれていたリーダー論なんですよ。「リーダー」には、いろいろな定義があります。「自らの責任によって、より良い未来を提示する」。僕の中では、これがリーダーだと思っています。

未来を提示している政治家がどこにいるでしょう。過去を懐かしむばかりだったり、足元しか見ていない。目先の利益を追求している輩《やから》が多い気がします。そうではないリ

＊1― Cass R. Sunstein（ハーバード大学ロースクール教授）『最悪のシナリオ　巨大リスクにどこまで備えるのか』（田沢恭子訳、みすず書房）、『命の価値　規制国家に人間味を』（山形浩生訳、勁草書房）、『#リパブリック　インターネットは民主主義になにをもたらすのか』（伊達尚美訳、勁草書房）など著書多数。

ーダーを招き入れるための「多選の制限」です。

若者代表コメンテーター大空幸星氏が自民党議員になった理由

石丸　政治改革をする際、それこそ若者ですら、なぜか自民党のドアをノックするんですよ。そのときの決まり文句があります。「自民党から変える」。やめてくれ。何十年も使い古されたそんな言葉をまだ言ってるのか。

――最近議員になった若いコメンテーター大空さんも、半分ぐらいそうかもしれない。野党になってもやることなんてないから、自民党に入るしかないのかと納得してました。

1998年11月生まれの大空幸星《こうき》は、24時間365日態勢で若者の相談を受けつけるNPO法人「あなたのいばしょ」理事長を務めつつ、テレビ番組のコメンテーターとして活躍。2024年10月、自民党から出馬して衆議院議員に当選した（小選挙区では落選したものの、比例代表東京ブロックで復活当選）。

石丸　そこは一理あるんです。「野党にいても何もできない」というのはそのとおりです。では自民党に入ったらどうなるのか。ものすごいピラミッドの下積みから始まり、いわゆる陣笠議員[*2]を務めなければなりません。

議決のためだけに、自分の人気度とプレゼンスを献上、差し上げる。だんだん期を重ねるに従って、（政務官、副大臣や党の役職などのポストをもらって）上に上がっていく。最終的に、首相に座れるかどうかというゲームなんですね。

「えっ、あなたたちっていったい何がしたかったの？　政治改革したかったのに、あなた自身が既存の大きな流れの養分になっていますよね。その矛盾にまだ気づかないんですか」と言いたいです。

「こういう国政政党は変えられない」というのが僕の結論です。だとしたら、地域政党、地方政治から改革していくのが、遠く見えて近道なのかなと思ったんですよ。

＊2――戦場の最前線に立つ足軽には、戦国武将がかぶっている立派な鉄兜《てつかぶと》は支給されない。薄っぺらな鉄や革で作られた陣笠（兜の代用品）で頭部を防御する。当選1期目や2期目の新人議員は、足軽として派閥の領袖《りょうしゅう》や党幹部の言うことに従わなければならない。

必然的に陣笠議員を生む小選挙区制というシステム

西田　中選挙区時代から小選挙区比例代表並立制に変わるときに[*3]（1996年の衆議院総選挙から導入）、「（政党の党議に縛られない）強い個人の集まりを作る」ということも念頭に置かれていたはずです。実際に起きたことは、強い個人の誕生ではなかった。

特に小選挙区においては、自民党から公認されるか公認されないかが決定的に重要です。ですから自民党に対する忠誠心が極めて強くなってしまう。

一つの選挙区で複数人が当選する中選挙区では、自民党から公認をもらえなかったとしても当選できる可能性がありました。実際90年代の政権交代のときに、自民党を飛び出した人がいたわけです。石破茂さんもそうでした（自民党を離党し、小沢一郎が率いる新生党に加わった）。

それに対して、最近の「政治とカネ」の問題をめぐって、自民党「改革派」の政治家も「自民党は改革するべきだ」「不祥事を起こした議員は自民党を出ていくべきだ」と言いながら、自分は飛び出さないわけですよね。自民党に対する忠誠心は、かえって昔よりも高まってしまっているかもしれません。

石丸　そのとおりです。みんな自民党という大きな木の養分にされちゃっているんですよ。（個々の議員が養分として）吸われるシステムになっている。木が大きく育つと（それより低い木の根元に）光が届かないから、ほかの木は枯れていきます。つまり野党が育たない。自民党という木1本では森は形成されず、（政治全体の）土壌は弱っていくのです。

――誰か邪悪な人がいるせいでそうなっているわけではなく、仕組みのせいでそうなっているんですか。

石丸　そうなんです。（自民党という）木が悪じゃないんです。木は自分を大きく実らせたい。それは本質であり本能なので、否定できません。それはそれで正しい。でも、それではみんなのため、森のため、山のためにならない。だったら違う方法を考えたい

＊3――中選挙区制度のもとでは、一つの選挙区の中で複数の当選者が出る。得票数が1位ではなくても、定数の範囲内の得票を得られれば当選を果たせる。
小選挙区制度のもとでは、一つの選挙区の中で1人しか当選しない。51対49の得票率で対立候補が肉薄したとき、競《せ》り負けた49%の得票は「死票」となる。

のです。

国政政党である自民党が、なぜ地方政治にまで介入するのか。まさに養分の話です。国政選挙でイスを取るために、各地に選挙の基盤がほしいんですよ。だから地方議会の選挙、首長選挙にも自民党は介入します。そこにポリシーはないんです。首長選挙なんて、与野党相乗り推薦ができちゃうぐらい緩い。

地方議会の選挙や首長選挙に介入しておけば、国会議員の選挙にも効きます。地方の地盤が岩盤のように厚く広くなれば、自分たちの国会議員のイスはたしかになる。もちつもたれつの関係なのです。

だとしたら、足元からすくいに行けば、国政政党を揺るがし改革する技になるのではないか。

西田　仕組みを横展開して、国政を揺さぶる。

石丸　はい。

「金帰火来」国会議員の専従職員として立ち働く地方議員

西田　国会の会期中が顕著ですけど、国会議員は東京に火曜日から金曜日までいなければならない。平日は地元で活動できません。[*4]

そんな中でも選挙をやらなければならない。そこで地方議員の出番です。地方議員とは、言わば国会議員の地方組織であり、専従で政治活動をしてくれるようなものなんですよ。箕輪さんは「地方議員は暇だ」と思うかもしれません。この言い方は半分正解です。地域のための活動をする人もいますが、その他の暇な人たちは何をするのでしょうか。政治活動をやって地元を耕すんです。

石丸　おっしゃるとおり。「涵養」です。

――だから地元のお祭りに行くんだ。

西田　はい。無所属の地方議員だったら関係ないですけどね。

――（自民党の地方議員は）「地元を回ってこい」と言われる。

＊4――土曜日から月曜日は衆議院が開かれず休みのため、衆議院議員は土日と月曜日に集中して地元の選挙区で活動する（「金帰火来」）。

石丸 そうです。「挨拶に行け」。それが地方議員の使命なのです。

西田 国会議員の選挙区は参議院や比例区で特に広く、票集めが大変です。このとき広域を扱う県議会議員の活動量は、国政の当落に影響してきます。だから県議会議員は強い力をもつのです。県議会議員の潜在的な政治的影響力、選挙における影響力は、当選回数が浅い国会議員よりも強いのです。

――だから「都議会のドン」みたいな人が生まれてしまう。

石丸 そうです。東京都に限らず、都道府県議会の選挙では、無投票で当選する人がけっこうたくさんいます。広島県の県議会議員の中にも、選挙のたびに毎回対抗馬が出てこない人がいました。(県議会議員が)もう票を固めてしまっているので、そういう選挙区の国会議員はメチャメチャラクです。

――権力の逆転だ。国政より地方議員のほうが力が強い。

石丸 「オレのおかげで勝っているよね」と。国会議員は選挙のたびに応援してもらえる。県議会議員は中央からオカネの支援をもらえる。そこだけ見ればお互い Win-Win なのです。

——効率が非常にいいですね。

石丸　国政政党と地方の政治が結びつくのは、そこが理由です。石丸さんの「再生の道」にうまくいかれたら困るんじゃないですか。

石丸　嫌がるでしょうね。僕らの存在はすごく嫌だと思います。

——都議選に向けて、いろんなことでメチャメチャ狙われると思います。

石丸　そうでしょうね。

西田　それでも根を枯らしに行く。

石丸　そう。根を枯らしに行く。

投票率が下がるほど勝ちが近づく既成政党の議員

西田　今の石丸さんのお話は「負のロックイン」みたいなところがあります。無投票で議員が決まる選挙すらあるわけですから。日本の場合、選挙運動ができる期間は良くも悪くも極めて短く、その期間にだけ有権者の関心は選挙に向きます。選挙運動がなされて初めて「ああ、こういう人がいるのか」と知られる。それすら認知しない人が多いわけですけど。

選挙についていて有権者がほとんど認識していない地方選挙では、（無投票当選にならず選挙が実施されたとしても）投票率は底なしに下がります。特に県議会議員選挙の投票率がとても低く、5割を割るどころか、3割、4割が当たり前の世界です。

どれだけ低くても、投票率に関する規定は事実上ありません。ですから、従来から選挙に通っている人だけ当選し続ける。その人たちにとってはむしろ投票率が下がったほうが都合がいい。候補者と議席数が同数なら無投票当選で、その場合、選挙運動すら必要ありません。選挙運動がなければ、有権者の政治に対する関心も下がります。

石丸さんはそこを変えようとしているんですよね。

——県議会議員になったら選挙をやらずにずっと勝ち続け、寝ていたっていい。すごい人生ですね。

石丸　広島県議会議員は年間60日ぐらいしか仕事がないのに、年収は安芸高田市長よりも上です。選挙がなくて無投票当選がずっと続いたりする。その間やることは、国政政党の選挙の手伝いです。

地方政治における構造的腐敗

——たぶんその実態を知らない人が多いと思います。なんとなく「腐ってる」とか「議会で居眠りしている」とわかっていても、国政からつながって効率的に仕組み化された腐敗だとわからない人が多いでしょうね。

石丸　国政政党が地方の政治、地域政党に対して政策を云々《うんぬん》かんぬん言いたくなるのはそこなんです。彼らも一定程度賢いので、うまい具合に言うんですよ。「自分たち（国政）が掲げているポリシーを実現するために、裾野（地方議会）を広く巻きこんでいるんです」という、それっぽい言い訳があるのです。

でもそれが本当だとしたら、（首長選挙において野党と）相乗りで推薦なんてできないはずですよ。だって最終的に頂上決戦（国政選挙や国会論戦）でバチバチやるのに、なんで地方の行政、政治で、自公・国民民主党・立憲民主党が相乗り推薦できるのか。共産党だけ相乗りから外れたと思ったら、国政選挙のときに共産党は立憲民主党とタッグを組んだりしますよね。グチャグチャです。

――そもそもイデオロギーの戦いが主に置かれることが実態とかけ離れていて、一有権者からするとピンと来ません。

石丸 55年体制が現状を生み出したのでしょうね。自民党が保守として常に大勢を占める中、野党を分裂させるために憲法改正論議など国家論をちょいちょい出してくる。要は左派を分裂させるためです。そのせいで左派は一枚岩になれず、毎回選挙で自民党が勝つ。長きにわたって、このパターンでうまく自民党は勝ってきたんです。

それがついに終わったのが1990年代初めでした。みんなようやくイデオロギーの議論に飽きた。「それって要らないいんじゃやないの？」と時代が変わった。通用しなくなった。

ハング・パーラメントとキャスティング・ボート

――石丸さんの「再生の道」がどれぐらい議席を取ると、音を立てて変わり始めますか。

石丸 これは目標ではないんですけど、もし20議席取ると自民党・公明党・都民ファーストの会が都議会で過半数割れになるんです。そうすると、小池さんの執行部の政策に対してブレーキが利くようになります。今の国会と一緒です。

ハング・パーラメント[*5]の状態になると、国民民主党や日本維新の会、立憲民主党も含めて野党がいろいろ注文をつけられるようになる。するとより良い政策が編まれるようになります。

2024年10月27日投開票の衆議院総選挙で、自公両党は過半数（定数465議席のうち233議席のライン）を割った。自民党は191議席、公明党は24議席と自公両党が215議席にとどまり、28議席に伸ばした国民民主党がキャスティング・ボートを握って発言権を増している。

＊5― 単独過半数を占めている政党が一つもなく、不安定な状態のことを「ハング・パーラメント」（hung parliament＝「宙ぶらりんの議会」）と呼ぶ。

――「再生の道」が都議選で20議席取ると、インパクトがあります。その20人は同じようなイデオロギーや政策をもっていないから、個々人の判断で小池さんが出す案に賛成したり反対したりしていく。

石丸　むやみに反対もしないし、機械的に賛成もしない。結果的に、今までと変わらない感じで進む可能性もけっこうあると思います。まともな政策については「まともだからいいよ」と賛成していく。

――小池さんが言うことに何でも真反対という姿勢は、本質的ではないですよね。

石丸　それだと単なる混乱じゃないですか。そうはならないと僕は思っています。そういうジャッジをしない人を選びたい。単に政策が良いか悪いか、合理的かどうかという観点で判断していく。

いずれにしても、(都議会がハング・パーラメント状態になれば)緊張感が生まれます。今までナアナアでやってきたこと、もしくは意固地になって反対ばかりしてきた姿勢が変わって、微妙な匙《さじ》加減で建設的な議論を進めていけるようになる。その姿は今の国政がすでに見せてくれています。

人口約1400万人の東京で都議会議員127人は多すぎるのか

――メチャメチャピュアな質問なんですけど、そもそも都議会議員の数はこんなにたくさん必要なんですか。

石丸　ここはいろいろな見方があります。僕は都議の数が多すぎるとは思いません。人口対比で言うと、都議が127人なのは少ないのです。人口約1400万人のうちの127人ですからね。安芸高田市の人口は約2万7000人いまして、市議会議員の数は16人です。

単純に倍率で計算してみましょう。東京都の人口は、安芸高田市の500倍です。では議員の数は16×500＝8000なのか。そうはなっていませんよね。都議の数が127人というのは、人口に比してすごく少ないとも言えます。

広島県議会議員の定数は64人でして、ほかの県議会の定数はだいたいどこも50人を超えるんですよ。本当にそれだけの数の議員が要るのか、議論の余地はあると思います。で議会の中で会派を組んで多数派を形成する方法論については、もちろんわかります。でもそれに依拠しすぎると、首長与党になりやすいです。
――石丸さんが仮に東京都知事になったら、「再生の道」の都議に対して「是々非々《ぜぜひひ》で判断してくれ」ということに当然なる。

石丸　おっしゃるとおりです。

西田　だから党議拘束をかけない。

石丸　党議拘束はかけません。

ちなみに、僕はまだ（「再生の道」として）自分の政策を出していません。まだあきらめていないからです。都知事になる選択肢を残しているつもりなんですよ。

西田　次の都知事選に向けて、いろいろな選択肢がありうる。

石丸　万が一自分が再び選挙に出ることになったとき、齟齬《そご》が起きないようにしたいところも、もちろんあります。

西田　なるほど。

石丸　意外にいろいろ考えて設計しているんですよ。

西田　いやいや、ものすごく考えられていると思います。

家入一真氏のネット選挙運動と三宅洋平氏&山本太郎氏の「選挙フェス」

――石丸さんを批判している人たちの代弁として、西田さんから「ここはどうなんですか」と敢えてツッコミを入れてもらってもいいですか。

西田　しかし、僕の疑問はここまでにもうすでに大方回答済みという印象がありますそ(笑)。そもそも発想自体が従来の政治のあり方とはまったく違うものに基づいている。

先ほど石丸さんは、いくつかの過去の事例をいろいろ集めて構想を考えたとおっしゃいました。2010年代の家入一真さんの挑戦は興味深かったですが、当選にはほど遠かった。箸《はし》にも棒にもかからない水準でした。

起業家の家入一真が14年2月9日投開票の東京都知事選挙に挑戦。舛添要一が211万票以上（得票率43・40%）を獲得して圧勝した。家入は第5位の8万8936票（得票率1・83%）にとどまり、供託金300万円は没収されている。

西田　家入さんの事例を振り返ると、石丸さんの挑戦は過去の類例と比べて一桁大きい水準に達しています。現実味をもつ、ある種のユートピア的アプローチで、これまで考えられてこなかった両極端のアプローチのミックス具合がものすごく絶妙な印象です。

２０１３年の公職選挙法改正によって、インターネット選挙運動が解禁されました。[*6] そこから現在に至るまで、従来の公職選挙法では考えられなかったネット選挙運動が展開されていきます。その中から石丸さんは良いものと悪いものを峻別し、良いところを集めている。非合法の恐れが乏しい手法を結集していると言えるかもしれません。

10年代には、家入さんの挑戦のほかにリベラル側の「選挙フェス」的なものの萌芽もありました。今はもう政治活動から引退されましたが、三宅洋平さん（ミュージシャン）が街頭でライブをやる様子をネット上で配信する。その盛り上がりによって現地に人を集める。「比例区は三宅洋平、東京選挙区は山本太郎（現・れいわ新選組代表）」と、それぞれ支持を呼びかける戦い方もありました。こうした手法は今につながってきます。

13年7月21日投開票の参議院議員選挙で、脱原発を訴える三宅洋平と山本太郎が無所属で出馬。「緑の党グリーンズジャパン」が2人を支持し、三宅は落選したものの、山本は東京選挙区で当選を果たしている。

西田　15年には（特定秘密保護法や平和安全法制に反対する）SEALDs《シールズ》（「自由と民主主義のための学生緊急行動」）の運動もありました。SEALDsはネット上での運動と実際の選挙運動をつなぎ合わせています。彼らは一時期、市民連合と一緒に（野党統一候補の当選を目指す）選挙運動に取り組みました。

れいわ新選組の重度障害者擁立とガーシー劇場

西田　2019年には、れいわ新選組が参議院議員選挙（7月21日投開票）で初めて設定された「特定枠」に重度障害のある候補を立て、2人を当選させました。これも従来の選挙制度に依拠せず、それまで誰も想定していなかった選挙制度の使い方の好ましい

＊6―　選挙期間中、ウェブサイトやブログ、SNSや動画配信で選挙運動ができるようになった。

事例だと僕は考えています。

16年7月10日投開票の参議院議員選挙から、鳥取・島根、徳島・高知の選挙区が合区としてそれぞれ一つに合体された。つまり今まで鳥取や島根、徳島や高知の選挙区でそれぞれ出馬していた候補者は、合区の1人に議員のイスを譲らなければならなくなった。

これに伴い、一種の救済措置として「特定枠」制度が導入され、19年の参議院議員選挙から導入されている。「特定枠」にあらかじめ登録しておいた候補は、比例区の名簿上位として優先的に当選する。

れいわ新選組の比例区・特定枠から、指定難病ALS（筋萎縮性側索硬化症）患者である舩後《ふなご》靖彦《やすひこ》候補、脊椎《せきつい》損傷によって車イス生活を送る木村英子候補が当選を果たした。

西田　さらに22年の参議院議員選挙（7月10日投開票）では、ガーシー（東谷義和）さんが出てきました。当選する気があるのかないのか――という言い方をしては失礼ですが――NHK党は候補者をたくさん集めてきて票を掘り起こし、一番個人票を集めたガーシーさんが当選された。これも従来にはなかった手法の一つです。

公職選挙法違反とまでは言えないにせよ、脱法的であり、ちょっとマイルドに言えばまったく想定していない選挙制度の使い方でした。

石丸　あれは裏技的でしたよね。

西田　そう、裏技的でした。

参議院議員選挙は政党名の得票数とその政党の候補者個人が集めた得票の合計で政党ごとの獲得議席が決まり、個人の獲得票数の順番に議席が配分される。

暴露系ユーチューバーとして絶大な人気を博していたガーシーはNHK党から出馬し、比例区で28万7714票の個人票を獲得して当選。

ガーシーは選挙期間中、一度も日本に帰国せず海外に在住していた。それだけでなく、参議院議員に当選してからも一度も国会に登院していない。当選から8カ月後の23年3月15日、ガーシーは参議院議員を除名された。

選挙制度のコンプライアンスを遵守したうえで選挙をハック

西田　今のところ「再生の道」の戦術には公職選挙法違反の恐れがある事項は見当たりません。

石丸　もちろん。

西田　クリーンな選挙ハックですよね。（コンピュータに不正アクセスする）ハッカー（クラッカー）は悪者です。「ホワイト・ハッカー」（サイバー犯罪を摘発するハッカー）という言い方もあります。「再生の道」の選挙ハックは、とてもクリーンな印象を受けるんですよ。法律的には批判しようとしてもかなり批判しにくいです。

もちろん道義的に「まったくと言っていいほど政策を掲げない政党があっていいのか」云々という批判は成り立つでしょう。その批判については、石丸さんもすでに大いに回答されています。

石丸　余計な説明をゴチャゴチャつけていませんからね。

――すでにあるものをネーミングして、提示しただけですもんね。

石丸　そうです。「ルールを変えたい」「ルールを変えてくれ」。それができたら苦労しないんです。議員の定年制を撤廃するなんて、絶対不可能ですよ。上の人が権力を握っているのに、自分たちの首を切るルール変更なんてやるわけがないじゃないですか。絶対無理です。

西田　それをやったら人権上の問題もありますよね。

石丸　（選挙に出馬する被選挙権は）憲法で保障されていますからね。議員の定年制を撤廃しようと思ったら、憲法改正論になっちゃうんですよ。みんな大きなことを願いすぎている。

だったら僕は、自分ができることをやってちょっとだけ動かす。ちなみに「2期8年」という多選の制限を掲げる「再生の道」に定年制はありません。年齢は制限しないです。60歳の人が新たに議員になってもいい。なれると思います。70歳から議員になったとしても、最長で78歳までしか務められません。そう考えたら、自分自身でもまわりから見ても、どれぐらいが活動の限界なのかわかると思うんです。

大事なのは今あるルールに則《のっと》り、今あるルールを駆使することだと思います。ルールを捻《ね》じ曲げて「オフサイドを見逃そう」なんて言い出したら、とたんに不満が出るし、ゲームが崩れちゃう。オフサイドのルールは守ったうえで、キラーパスを出せるかどうか。テクニックの問題だと思います。

西田　いやあ、おもしろいですねえ。

第3章
仕事ができる人、できない人

オバマ大統領の「コートテール」現象

―― 第2章で西田さんに「敢えて石丸さんに批判のツッコミを入れてください」とお願いしたんですけど、西田さんが「批判する場所がない」とおっしゃったのはすごくよく理解できます。違法性がありませんしね。「再生の道」がうまくいくのか、それともうまくいかないかのターニングポイント、もしくは落とし穴はどこだと思いますか。

西田　なかなか難しいですね。最終的には当選者数がどこまで行くかでしょうか。この対談の動画が公開されているころ（2025年4月）には、雰囲気や情勢について少しずつ調査が進んでいると思います。僕はですね、けっこう伸ばすんじゃないかと思うんですよね。今の政治不信、先ほどから申し上げてきた要素を合わせると、20議席とか獲得すれば、すごい存在感です。

―― 一つの選挙区で2万票取れるところがけっこう出てくる。

西田　はい。そこが当選ラインの目安です。石丸さんは意識されていないのかもしれませんけど、石丸さんが東京都知事選挙でお取りになった165万票を55（都議選に出馬する候補者の本対談、1月28日時点の目標人数）で割り算すると、ちょうど3万票なんです。まあ、そんなに単純には計算できないんですけどね。

――石丸さん個人は好きだから投票したけど、「再生の道」の候補者のためにわざわざ足を運んで投票するのか。そこはまた若干温度差がありますよね。

西田　そうなんですよ。ただ、「石丸ファン」の熱量がかなり高いことも僕は知っています。

石丸　そこは僕の中でも問題意識としてありました。政治の世界で「コートテール」(coattail) という現象があるんです。オバマさんが選挙に立ったときに、民主党議員もついでに乗っかって勝っちゃった。コートのテール（しっぽ）が後ろに長く続くみたいに、勝ち馬に乗る現象です。「あれをやっちゃダメだな」という意識なんです。

西田　石丸さんの勝ち馬に乗るのはダメなんですか。

石丸　ダメです。それでは続かないから。だって僕がいなくなった瞬間、コートはなくなりますからね。

――誠実だと思いますけど、大変ですね。

石丸　そう。でも、そこに挑戦したいんです。

後事を託せる人がいないカリスマ

――具体的にはどういう方法論ですか。

石丸　オバマさんのブームは、オバマさんの人気だけで完結してしまいました。特にベテランの経営者の方からよく聞くのは「自分の後継者をいかに育てるかが大事だ」という話です。

――経営者にとって、終盤の仕事はそこだけと言ってもいいですよね。でも、だいたいうまくいっていない。

石丸　そうですよね。すごく強烈な印象があるのが、ユニクロの柳井正さんです。何回も「引退する」と言われながら、それでも帰ってくる。（柳井さんの経営を引き継ぐのは）難しいんでしょうね。ああいう方だからこそ難しいと思うんです。となると、カリスマ性を磨き続けた結果は無に帰するんじゃないか。

――カリスマ性と再現性は反比例していますから。

石丸　そうですよね。そうならないようにしたい。これが僕が歴史から学んだ教訓です。「個人に紐づけてはダメだ」というのは、都知事選のときから意識していました。都知事選では「東京を動かそう。みんなの力で」と訴え続けましたよね。街頭演説の最後の一言は必ず「皆さんの奮起に期待します」だった。「僕に1票ください」とは1回も言いませんでした。「僕を応援してください」ではなく「みんながんばれ」というメッセージを言い続けた結果の165万票です。

いくらかは、皆さんに僕の気持ちが伝わったんじゃないでしょうか。

『るろうに剣心』『七つの大罪』『HUNTER×HUNTER』『キングダム』に学ぶ

――自分のユーチューブチャンネル（『箕輪世界観チャンネル。』）に半分ふざけて石丸さんの名前を入れてみたら、10万人だったチャンネル登録者数が2〜3週間で14万人になったんです。これはもうカリスマです。あらゆるインフルエンサーの友だちや有名な経営者の中で、こんなに数字をもってる人はいないですよ。

僕は半分冗談、半分本気でやってますけど、切り抜き動画を含めて世の中がみんな

「石丸さんに乗っかろう」という仕組みになってるじゃないですか。いくら石丸さんが誠実に「自分の力に依存しない仕組みを作る」と思っていても、実態的にそうなれるかどうか、難しくないですか。

石丸　そうなんです。都知事選に出てから今この瞬間まで、常に気をつけて言動を選んでいます。誰かとコラボする際も「自分が勝ってやろう」とか「目立ってやろう」ではない。いつも「なるべくこの人に光が当たるように」と思っています。

僭越ながら、箕輪さんのユーチューブチャンネルのコメント欄を見ていると、「初めて箕輪さんを知りました」というコメントがけっこうありますよね。

——新しい客層に広がってます。

石丸　そうですよね。そこが僕の狙いなんですよ。

——その考えはすごく腑《ふ》に落ちます。ユーチューバーのヒカルさんや朝倉未来《みくる》さんなど、有名な中でまだ生き残っている人は、誰かに影響力を渡し始めてチームにするんですよね。自分の影響力を誰かに与えて、自分の分身、ファミリーを増やしていく。

石丸　はい。そこは歴史から学びました。『るろうに剣心』に出てくる志々雄真実《ししおまこと》の

「十本刀」です。志々雄真実という敵キャラのボスに、キャラが立った「十本刀」（10人の部下）がついているんです。「十本刀」みたいな人を自分のまわりに揃えたいと思うんですよ。

『七つの大罪』もそうですし、『HUNTER×HUNTER』のクモ（幻影旅団）や『キングダム』の六大将軍もそうです。ナンバリングでポストを置き、ポストの入れ替わりがあってもいい。

――（個人が強いだけでなく）ハコ（グループ）で強い。

石丸　そう。ハコを作れば、ハコに入った人は必ず光を浴びる。ハコから抜けて出ても、光は残る。出ていく人がいれば、次に新しい人が入れる。

――秋元康さんの発想だ。特定の個人の人気に依存しないハコを作る。

石丸　はい。『キングダム』は秦の始皇帝の時代の話です。始皇帝のあと王朝が代わっても、中国という国は発展し続けました。その理由は、礎《いしずえ》があったからだと思うんです。枠組み、フレームワークは大事です。

西田　ReHacQ伊豆大島旅でも感じましたが、コンテンツからいろいろインスパイアを受けているんですね。

石丸　だいたいマンガや小説を通して世の中を認識しています。

西田　オバマの選挙運動は、2000年代末に大きく関心をもたれました。そこはそれほど意識されてはいませんか。（都知事選で安野貴博候補が掲げた）「ブロードリスニング」の原型はオバマの選挙運動です。オバマは当時Facebookのエンジニアを連れてきて、草の根のシステムを作りました。

石丸　オバマさんからはすごく影響を受けていますね。かなりです。それこそ「Yes, we can!」というフレーズって「東京を動かそう」とニュアンスが似ていませんか。

西田　似ていますね。

石丸　「自分たちはできるんだ」。「I can」じゃなくて「We can」なんです。「Do it」ではなくて「Yes, we can!」。「東京を動かそう」は「Let's (let us)」。主体は「私たち」(we, us) なんです。

石丸伸二＝派閥の領袖ではない

――今まで自分の強い影響力を伝播《でんぱ》させて、ファミリー的にした政治家はいるんですか。

西田　たとえばですが、自民党の派閥のシステム、派閥の教育システムはそういうものでした。

石丸　「領袖《りょうしゅう》」と言うんでしたっけ。

西田　そう、「派閥の領袖」[*1]と言います。

派閥のボスは何をするのか。宏池会《こうちかい》は、国際協調や護憲について、グループのメンバーに学習させます。清和会は、憲法改正やタカ派的な姿勢を派閥の中で共有する役割を担ってきました。そういう意味では自民党の中の派閥は（『るろうに剣心』の）「十本刀」ですね。こういう機能は野党にはあまりありません。野党内のグループのつながりはもっと弱いものです。

＊1――「領」＝衣服の襟《えり》、「袖《そで》」＝衣服の袖／襟と袖はいずれも目立つことから、集団の中で旗振り役になるリーダーを「領袖」と呼ぶ。

――「再生の道」は派閥とは違うんですよね。

石丸 もっと緩い。しかも循環しやすい。派閥は上の人がめったに動かないですよね。しかも企業と違って定年がないから、個人事業主みたいな感じで居座り続けちゃいます。

――派閥は（ボスの手前）辞めたくても辞めにくい。「再生の道」は（2期8年が経ったら）強制的に辞めざるをえない。そういう新しいスキームを作る。

石丸 はい。

西田 テックが底支えしている部分も大きいですよね。ユーチューブやXなどテックやサービスのコモディティ化が起き、誰もが使える環境ができた。それがあって初めて石丸さんの構想を形にできる。

石丸 おっしゃるとおりです。時代が味方してくれていると感じます。

――1人スターがほしいですね。

石丸 そうなんですよ。というか、スターを10人ぐらい揃えたいです。都議選では全42選挙区に55人を立てるのが目標なんですけど、その中で核となる人が10人ぐらいほしい。

――全体としてアベレージはちゃんとしていたほうがいい。愛されるポンコツもいれば、スターもいるのが大事だと思うんです。こういうのってコンテンツ力じゃないですか。エンタメとしておもしろいかどうか。

石丸 僕はイケると思ってるんですよ。なぜならば、1年前(2024年1月)、ここに石丸伸二は存在してなかったです。僕が幅を利かせている感じって、(東京都知事選挙〈24年6月20日告示、7月7日投開票〉に出馬してから)せいぜい半年の現象ですから。

マスメディア&政治の怠慢と腐敗が生んだ石丸伸二ブーム

――僕はメディア論が好きで興味があるので、ぜひ訊きたいです。ユーチューブ動画のタイトルに「石丸」とつけるだけでコメントが500つくとか、本当に驚いた。しかも熱烈なコメントだらけです。石丸さんはこの現象をどう分析しているんですか。何が起きたんですか。

石丸 間違いなくブームですね。ブームとは「一過性のもの」という意味です。モーニング娘。は、ひところ一世を風靡《ふうび》しました。あっ、今もあるか。でも、かつての勢いはないですよね。そういうものだと思ってます。絶えず栄枯盛衰がある。

もっと大事なのは、本質的に多くの人が願ってきたことを、今僕がかなえようとしていることです。ちょっと偉そうな言い方ですけど。なんでそう言い切れるかといったら、何よりも誰よりも、自分が願ってきたことだからです。この40年生きてきて、なんでこの世の中うまくいかないんだ、間違っているんだ、という、その課題について、ただただピュアに自分の問題意識に基づいて解決しようとしている。だから共感が得られているのではないか。

——ブームって、なんらかのきっかけの重なり合いで生まれるじゃないですか。ユーチューブは当然として、何が重なって石丸さんのブームが起きたんですか。

石丸 危機感であり怒りだと思います。そこはわかりやすい。マスメディアと政治の怠慢と腐敗です。これってXでも、だいたいバズる要素じゃないですか。

——そうですね。「強き者に立ち向かう」というわかりやすい構図です。

石丸 それはたぶん、ブームにかなり資する要素だと思います。

——たしかに。

「石丸伸二ブームは若者特有の現象」という虚構

西田　「石丸現象が起きているのはネットだけ」とか「若い人たちしか支持していない」というステレオタイプ的な批判がよくあります。この二つの批判についてはどうですか。

石丸　マスメディアにあまり取り上げられないから、必然的にネットのウェイトが高いという結果でしかないのかな。上の世代の人は、石丸伸二の存在、石丸伸二の主張への支持が若年層に広がっていることをそもそも知らないんですよ。たぶんこの動画を（ReHacQで）観る人のメインは40～50代かな。60代、70代、80代は少ないです。

西田　そこは大事ですよね。僕は「石丸現象は若い人だけ」という批判はステレオタイプだと思っています。だって（都知事選の）出口調査しかデータがないんですよ。

石丸　おっしゃるとおりです。

西田　この動画が公開されるころにはもう出ていると思いますけど、ある雑誌で「最近若者の石丸離れが起きている」という特集が組まれるはずです。

石丸　それはおもしろい。

西田　どう出ているかわかりませんけど、コメントを求められたのでこう答えました。「いやいや、僕の肌感覚で言うと、若い人たちも石丸さんを支持しているかもしれないけど、ボリュームゾーンはもっと上、我々（西田亮介は1983年生まれ、石丸伸二は82年生まれ）と同世代か、それ以上じゃないですか」

――僕の肌感覚だと、自分（85年生まれ）より上の世代の女性かな。何のエビデンスにも基づかない、僕がいろんなブームを見てきたうえでの勝手な感覚ですけど。コメント欄を見ていると、優しさと温かさが自分の母親ぐらいの世代に思える。「かわいいかわいい、がんばってね」みたいな感じです。これは完全に僕の見方なので、正しくないかもしれないですけど。

それこそヨン様（韓流ドラマ『冬のソナタ』主演のペ・ヨンジュン）などの韓流スターにハマる感じ。それプラス、ただの推し活とかカッコいいだけじゃない。「日本を変える」とか「不満を代弁してくれる」、そして「投票という自分の行為ができる」という、このへんが重なり合って最強の推し活になっている気がするんです。

石丸　そうそう、そうなんですよ。投票行動って1人1回しかできない権利なので、ここに意味をもたせられるのはけっこうおもしろいと思ってます。
ブームで言うと、（年齢層ごとの）支持の比率は若者が多いですけれども、絶対的な数で言えばもっと上の層が多いです。上の層はそもそも母数が大きいので、支持の比率が（相対的に）小さく見えるのかなと思っています。

西田　出口調査の結果は……。

石丸　（年齢層ごとの）割合なんですよね。そこが意外と知られていない。

西田　マスメディアはその出口調査の結果を見て、「若い人を中心に支持されている」と言っている。

石丸　それは単なる割合の話であり、浸透度なんですよ。でも絶対数で言ったら、明らかに僕より上の年齢層の人たちが応援してくれています。

西田　そこに誤解がある。「若い人だけが石丸さんを支持している」という多くの人たちの見方は……。

石丸　それはシンプルに読み間違いですね。

ブームは一過性　5年で終わる

――さっき「若者の石丸離れが起きている」という話が出ました。ブームっていつか終わるものじゃないですか。だから影響力を今のうちに分けておこうと考えているんですか。熱狂的な空気が使える期間について、どうとらえているのか。

石丸　使えるうちに使い切る、ですね。このブームを永らえさせようとは全然思っていません。それは効率が悪いし、自分も嫌なんですよ。そういうのはみっともないと思う。それこそ自分がブームにしがみつく行為になっちゃう。

――小泉現象にせよ橋下さんの現象にせよ、「現象」と名前がついたものには良いこともあれば、数年後振り返ったときに批判的な面も当然あるじゃないですか。「あの現象は本当に日本を変えたよね」となるためには、どこが分岐点なんですかね。

石丸　現象でなくなる、当たり前に浸透して「えっ、これって別に普通じゃない？　何を今さら問題視するの？　議論の余地がない。だって別に問題ないじゃん」という状態に早く鎮静化する、着地するといいかな。

「マイノリティの政治思想を抹殺したい」なんて話ではないので、不具合なんてない。

問題ない。「この存在は認められない」という考え方だったら「共産党なんて絶対存在を許しちゃダメ」となるでしょう。

僕の考えに乗っかる人がいるんだったら、それは尊重してしかるべきじゃないですか。「僕の考えにみんな乗っかれ」とは一切言ってないです。今すぐ国会で議席を取ろうともしていません。「気に入らないんだったら放っておいてくれ」ぐらいの自由さです。

西田　政治的なブームは、だいたい5年から10年で終わります。たとえば小泉さんのブームは2001年から2005年まででした。2005年の郵政解散（郵政民営化を問う衆議院の解散総選挙）でものすごく関心をもたれましたが、そのあと2006年には第1次安倍政権に禅譲してしまっています。ですからブームは5年程度です。

橋下さんは2000年代末から出てこられて、今もコメンテーターとしてご活躍なので、どこまでと区切るのは難しいですが、政界内でのブームは長くて10年程度でした。

石丸さんの今の盛り上がり方を過去の事例になぞらえていくと、5年から10年が一つの目安です。それか、もっととんでもない盛り上がりになるのか。

石丸　僕の見方は5年ですね。「5年で日本を変える」という思いで今活動していますし、5年のうちには選挙（国政選挙や首長選挙、地方議会の選挙）が一巡します。

マンガ『医龍』に学ぶ　後継者への託し方

――今までブームになった人で、こんなに客観的に自分を見られる人を僕は知らない。僕はブームになっている人の本をよく作ります。当たり前ですけど、みんな浮かれているんです。だからこそおもしろいんですけど。なんでそんなに客観的に、自分を一つの素材として見ることが可能なんですか。

石丸　狙ってやってきたからです。

――石丸伸二というキャラクターを俯瞰《ふかん》的にコントロールしていく。

石丸　そもそもノリと勢いとか、いろんな偶然でブームになったわけじゃない。もちろん諸条件はありますけど、かなり計算してやったアウトプットの結果です。「そりゃそうだよね」というぐらいの感覚でしかないので、別に驚きもしないし、浮かれることもない。むしろ自分としては、最後にこのブームをどう決着させるか。自分個人、石丸伸二としての人生をそれなりに大事にしたいですしね。

政治に限らず、スポーツ選手にしてもタレントにしても、ブームって長く続かないじゃないですか。「誰も、永遠に同じ場所にはいられない」。『医龍』というマンガ（第16巻）に出てくるこのセリフが、心に刺さってるんです。天才的な外科医が、後進に道を譲るんですよ。自分の後を継げる人間を育てて、自分は去っていくんです。「これが理想だな」と思いました。後を託せるメンバーを残し、天才的な外科医がサッと去る。マンガを読みながら「これが一番幸せだな」と感じました。

アテンション・エコノミーとSNSポピュリズムを避ける仕組み設計

――石丸さんの影響力をフックに仲間を増やして、いずれ後を託す。「再生の道」候補に手を挙げてくる人のインセンティブは「利権がほしい」じゃないと思うんですよ。利権目当てじゃないからクリーンに見える半面、「再生数とフォロワー数がほしい」というアテンション・エコノミーやSNSポピュリズムに走る危険性も当然ありますよね。

石丸　はい。

――そこは最初の（都議候補の選考時の）フィルタリングの段階がポイントですか。

それでも、議員になったあと石丸さんでもコントロールできないかもしれない？

石丸　すごくいい質問ですね。まず、最初のフィルタリングはもちろん丁寧にやります。大事なのは、そもそも民主主義ってそういうシステム（アテンション・エコノミー）で成り立っているんですよ。知名度勝負、人気投票なんです。

――そもそも民主主義とはそういうものだと思うんですけど、それが行きすぎた結果、民主主義とSNSの組み合わせが最悪の結果になっちゃうかもしれない。

石丸　オーバーフローというか。

――そうなったらなったで、容認して突っ走らせる？

石丸　そうですね。ただし「2期8年」が一定のリミッターになると思います。

――そうか、（2期8年の議員生活を終えてから）その人が影響力をもって芸能人として活躍するようになっても、権力からは離れちゃう。

石丸　そこからは政治の人じゃないので、タレント活動なり好きなことをやっていただく。ユーチューバーで食っていったっていい。政治に詳しい人間がほかの分野で活躍する。隠居してもいいですけど、せっかくなら政治の世界で得た知見を次へ生かしてもらったほうが、日本の国力が高まると思います。

西田　民主主義の熟議的側面はどうですか。

石丸　熟議？

西田　深く議論を深める。たとえば「党議拘束を外す」という考え方は、フラットな観点から議論を深めていくところにつながるような気もします。議論をしながらどんどん質を高めていく。「党議拘束を外す」という仕組みが、真剣な議論を促していくという点です。

石丸　おっしゃるとおりです。（既成政党が）勝手にカテゴライズしたイス取りゲームでは、議論すら起きない状態です。今よりかは全然マシだと思います。

西田　うーむ、ますます批判しにくいですねえ。

現職議員や首長・副首長経験者を優先的に迎え入れる戦略

――「再生の道」のスキームにおいて、スターの存在が必要だという話題が出ました。候補者の中に10人ぐらいスターがほしいとのことですが、どういうところがスターの条件になりうると、今想定してますか。ビジュアルなのか。本当の仕事の力なのか。すでにもっている知名度、影響力なのか。いろいろあると思うんですけど。

西田　何人か現職が来ることじゃないかと見ています。理想と現実のブレンド加減がうまいなと感じるのは、都議選候補の募集要項（「再生の道」が掲げる「候補者概要〈overview〉」）の中にひっそりと〈現職の応募があった場合は当該選挙区の候補とする。〉〈首長・副首長経験者の応募があった場合は候補とする。〉と書いてある。つまり現職や経験者（元職）は選考をスキップして候補に決めてしまう。これが現実的なラインだと僕は見ています。

政治の世界には政治の文脈がある。その文脈がわかっている人は、ある程度語彙《ごい》が共通するところがあったりする。（「再生の道」旗揚げの）記者会見で、石丸さんはここをあまり説明せずサラッと流していかれているんです。そこはあまり掘り下げない。

――すごい分析だ。

西田　僕は予習派なので、けっこう細かいところまで見てるんですよ。

石丸　さすがです。

西田　ここについてあまり深掘りしないまま、ツツツ……と次のパートの説明に移っています。こうしたブレンド加減がうまいと思いました。

実際に現職が来ると説得力が増して、いいブレンデッド・ウイスキーになりえます。

――足腰が強く見えますよね。

都民ファーストの会の現職議員が「再生の道」を乗っ取る⁉

石丸　まず現職議員について言うと、即戦力（がほしい）という名目もあるんですけど、実質的には政治屋の一掃のための仕掛けです。ほかの党でぬくぬくとしていた人を剝《は》ぎ取るんです。1期4年、2期8年が終わったら強制的にハイシュツする。「ハイシュツする」というのは、良い意味での「（外部に）輩出する」もあれば、「排出する」（放り出す）という意味もあります。

西田　おもしろいな。腰が据わっておらずフラフラッと来た人が実際どう機能するかはさておくとして、2期8年が終わった暁《あかつき》には、少なくとも「再生の道」のスキームから出ていっていただく。

石丸　はい。ほかの党にいれば陣笠議員として生き永らえてしまうかもしれない要素を、仕組みとして剝ぎ取って、うまく生かしていく。

西田　しかも「再生の道」の養分にもする。

石丸　おっしゃるとおりです。だって「現職が来ました」だけで説得力が増しますよね。プレゼンスにプラスになる。

　ある方から質問を受けたんですよ。「このスキームだと乗っ取られませんか」って。都民ファーストの会の議員は、今都議会に27人います。この人たちが全員「『再生の道』から出ます」となったときに、こっちは党議拘束をかけないけど、都民ファはかけるでしょう。

――　たしかに。

石丸　すると、都議選が終わったあとに都民ファが（「再生の道」を）丸呑みできちゃうんですよ。

――　でも多選の制限がある。

石丸　そう、多選の制限がかけられる。僕は「乗っ取りたいんだったらどうぞ」という考え方です。ただし、これはメチャクチャ強烈な踏み絵なんです。「再生の道」の軍門に降《くだ》るわけですから。政治家としてこれができる人は、ほぼいないと思います。まず小池さんが許さないです。絶対許さない。

西田　そりゃそうですよね。絶対許さない。

2025年2月、ReHacQでは都民ファーストの会の森村隆行代表と石丸との対談を予定していたが、直前になって不自然な形で中止された。

石丸　でも、もしそこまでやったとしたら大したものです。石丸のスキームを潰しにいき、まさにハックするためには「乗っ取る」という方法はある。自民党でも公明党でもそれはできてしまう。10人、20人でガーッ！　と大挙して押し寄せて「再生の道」の議員になり、毎回議決のときには母体（出身政党）の判断を優先する。選挙に通ったあとの議決の際には今までどおりというのは、向こう（既成政党）にとって理にかなうんですよね。

僕からしたら、それでも「政治屋の一掃」の文脈で所属議員をしっかり活用できる。何より「皆さんは僕のシステムに降られるんですね」とハンコが押せます。

西田　たしかに。

『バック・トゥ・ザ・フューチャー』のタイムマシン「デロリアン」

――よほど自分の実力に自信がないと、現職の議員は「再生の道」には行かないですよね。

石丸　はい。

――「自分には実力がある。やるべきことをやっていけば食っていける」という人たちしか、現職議員は応募してこない。

石丸　そう。2期8年以内に自分なりの展望を描ける。これまでそこについて考え抜いてきた人でなければ、踏み切れません。

西田　それか、極めて腰が軽い人ですよね。そういう人は、2期8年が終わったら出ていってもらえばいい。

――「これはいいチャンスだ」と食いついてパーン！　と当選しちゃう人もいる。

石丸　うん。それでもかまわない。それでも僕は温かく、そして丁寧に迎え入れます。

――都民ファの現職議員が「今回苦戦して落選するぐらいなら、2期8年限定でも勝ち馬に乗ろう」と考えうる。この駆け引き、おもしろすぎないですか。「こいつはどっちだ」と。

西田　維新の議員は、経緯からしてもともと大阪の自民党議員だった人が看板を書き換えているところがありますよね。都民ファもそうです。

石丸　最悪のシチュエーションをいろいろシミュレートしているんですよ。都民ファのことばかり言うのではなく、立憲民主党も例に挙げてみましょうか。立憲の現職議員が「再生の道」から都議選に出たとしましょう。その人が当選したとして、以後も立憲の党議拘束を受け続けます。この人は必然的に、これまでどおりの議員ではいられないんですよ。メチャクチャ注目を集めますからね。となったら、働いちゃうんですよ。

――それは本人にとっても日本にとってもいいことですね。

石丸　はい。結果的に良くなる。出発点が利己的で邪《よこしま》な気持ちだったとしても、このシステムに入れてしまえばいい。映画『バック・トゥ・ザ・フューチャー』のタイムマシン「デロリアン」なんですよ。何でもエネルギーに変えられるシステムです。生ゴミを入れても燃料に変えられる。あっ、「生ゴミ」って言っちゃった。

政治家がよく「清濁併せ呑む」と言うとき、「正しくないことを呑みこむ」みたいに良くない文脈で使いますよね。僕はそうじゃないと思ってます。「清濁併せ呑む」は「すべてをエネルギーに変える」です。その意味で仕組み作りを考えています。

西田　政治の世界は妬《ねた》み、嫉妬《しっと》、猜疑《さいぎ》心がものすごく強いです。一人一人の議員が票を集める個人商店として、半分は独立しているところもあります。既存政党から石丸さんの「再生の道」に来たときに「自分たち（既成政党）と『再生の道』とどっちを取るのか」という周囲のやっかみも出るでしょう。いずれにせよ、従来のままではいられない。それを仕組みが支える形です。

候補者のリクルート活動をやらない理由

――首長もしくは副首長経験者についてはどうですか。

石丸　これこそがまさに即戦力です。だって今まで行政のトップで仕事をやってきた人間が、（行政の）監視側に回るんですよ。これって最強の議員です。東京都内なら、首長または副首長経験者はけっこういらっしゃるんじゃないでしょうか。区長でもいいです。副知事経験者だとなかなか選挙には出られないかもしれませんけど、元ナントカ市長とか、いいんじゃないですか。

――石丸さん側から働きかけて、口説いて一本釣りすることは今のところ……。

石丸　やってないですね。

――今後もやらないですか。

石丸　うーん。たまたまそういう方と出会って相談を受けたら、ぜひ勧めますよ。特定の人を自分から見つけに行くリクルーティングは、やらないでおこうと思います。

――既存の国政政党は「選挙に興味ありますか」というリクルーティングをいっぱいやるじゃないですか。それをやらないことには何かしらのこだわりがあるんですか。

石丸　面倒くさいんですよ。要はコスパを高めたい。コストをいかに下げるかなんですよね。一本釣りはコスパが悪い。たまたまそういう人とすれ違ったら声をかけますけど、誰かを探しに行って三顧の礼なんてやっている場合じゃないんです。

――そういうやり方は、石丸さんが再三言っている「再現性」と「持続可能性」とは相反する。

石丸　おっしゃるとおりです。

――石丸さんのカリスマ性で口説けたとしても、持続しないですもんね。

石丸　はい。もし僕のことが気に入らなくなったら「辞めますわ」となっちゃいますので。だから「この理念、このスキームに乗っかれる人はぜひお越しください」「皆さんはお客さまです」という姿勢です。

西田　政治の世界は貸し借りの世界でもあるので、口説くということは、実はその時点で貸しを作ることになるわけです。維新はそこで失敗しました。彼らは石原慎太郎さんなど大物政治家を口説きにいきました。保守色の強いグループを抱きこんだ挙句、原発に対する考え方が合わなくなって物別れになってしまった。

石丸さんが「ウチに来ませんか」と政治家を口説いたら、相手方に貸しを作る可能性があります。首長や副首長経験者だと、なおさら貸しを作る側面が出てきます。だから石丸さんからリクルーティングするのではなく、向こうから来てもらう。これは権力関係の意味でも、とても重要ですね。

——一本釣りしに行ったら、そこでしがらみが生まれちゃいますもんね。

石丸　はい。良くも悪くもしがらみが生まれちゃいます。

ディベート力が欠如した政治家だらけの日本

石丸　先ほど箕輪さんから質問された「スターの条件」について、追加で答えます。自分の中でまだ答えは見つかっていません。「十本刀」にはいろんなバリエーションがありうると思っています。それこそ年齢、男女、キャリア、どれをとってもおもしろい政治家は生まれるんじゃないか。大事なのは、これまでどこかで見たような政治家は要らないということです。

石丸伸二を今特異なものにしているのは、おそらくメディアに対する高圧的な姿勢のせいだと思うんですよ。

——自分で言うのがいい。

石丸　メディアに戦いを挑むって、普通はやらないです。だって勝てないから。

——怖いですしね。

石丸　僕自身、メディアに簡単に勝てるとは思ってないです。向こうのほうが圧倒的に強者ですから。でも、強者だからこそ僕は戦いを挑めるんです。弱い者に戦いを挑んだらダサいだけじゃないですか。「自分が負ける」というリスクさえ背負えば挑戦できるのだったら、僕はそこに価値を見出します。単にからみに行っているわけではありません。

西田　機会の窓が開きそうなタイミングだというのもありますよね。

——スターの条件に関連するんですけど、一般のビジネス界や実業界で仕事ができるといっても、僕や高橋さんみたいに「モノを作るのはうまいけど実務はまるでできない」とか、人によって「できる」「できない」の差があるじゃないですか。都議の仕事における「仕事ができる」、都議の適性って何なんですか。

石丸　簡単に言うと、議論ができること。ReHacQ の番組を観ていると、たまに議論にならないときがあるじゃないですか。誰とは言わないですけど。

――ちゃんとロジカルに是々非々で話せるかどうか。

石丸　はい。論理的に思考できない人は、僕は「仕事ができない」と評価します。ポリシーはどっちでもいいんです。原発に賛成するか反対するか、両方とも意見があるはずなんです。意見をそれぞれ理路整然と言ってもらわなければ、議論にならないでしょう。

――賛成であろうが反対であろうが、意見をしゃべれるディベート力が必要なんですね。

石丸　そう。どっち側の意見にも立って議論できる柔軟性があり、足腰がしっかりしている人が必要です。

――政治家の資質としてそこが一番大事なんですか。

石丸　それは間違いない。だって国会議員って国会で議論する仕事じゃないですか。政策立案は官僚がやってくれます。是か非か定めるのが国会の機能であり、民主主義の究極の目的のはずです。なのに政治家にそれができない人間が多すぎるんですよ。

西田　この対談を収録する前日、たまたまフジテレビの記者会見がありました。

中居正広氏の女性トラブルについて、2025年1月27日にフジテレビの経営陣が記者会見。深夜まで10時間半にわたって続いた。

西田　もしかすると一部の記者だけではなく、政治家も含め、我々の社会全般で、議論について真剣にリテラシーを高めてこなかったところがあるのかもしれないですね。

SNSは言論の場ではない、肥溜めだ

石丸　千代田区長選挙をめぐって、僕はXに次のように投稿しました。

〈現職だけは公開討論会を欠席してはならないと思います。有権者に十分な判断材料を提供すべきです。
新人の皆さんは深夜だろうとスケジュールを調整するでしょうから、都合がつかないは言い訳になりません。
逃げた方が有利、という思い上がりを正す必要があると感じます。〉

（2025年1月27日）

ReHacQの公開討論会に、現職（樋口高顕区長）だけが出てこない。許せん。あるまじき行為だ。

これは現職の千代田区長に対する苦言、指摘であると同時に、実は「再生の道」に応募してくるであろう現職議員たちへのメッセージでもあるんです。現職が「再生の道」に入ったのに、公開討論会から逃げるなんて絶対許さない。

西田　なるほど。先のXの投稿は、「再生の道」に向けた潜在的なメッセージでもあるんですね。

石丸　実はそこが裏テーマです。議論をする人間を集めているのに、議論の場から逃げるなんてありえない。

――もともと政治ってそういうものですもんね。太古の昔から、みんなで議論してきた。

石丸　古代ギリシャのころから、みんなずっと議論してきたんですよ。

西田　今一部で、自分の意にそぐわない人に対して変な形で突撃する動きがあります。暴力に訴える選挙妨害事件も起きました。そういう中で、むしろ徹底的な議論を促す。政治の世界に言葉を取り戻す必要があります。

石丸　言論の場を確保したいんです。これは本当に大事なことだと思うんですよ。東京都知事選挙のとき、小池百合子さんは共同記者会見（24年6月19日、日本記者クラブが主催）と公開討論会（24年6月24日、東京青年会議所が主催）の2回しか出てきませんでした（いずれも小池百合子知事、蓮舫候補、石丸伸二候補、田母神俊雄候補の4人が出席）。日本テレビだったかな。どこかの民放が候補者の公開討論会を企画したとき、小池さんが「出ない」と言うので蓮舫さんも「出ない」と言って、企画がポシャってしまいました。地上波テレビで討論会を放送してくれたら、結果はもう少し変わったと僕は思っています。

――小池さんがまともに議論している様子を見た記憶がないです。

石丸　議論から逃げているんです。

――強い存在は、議論の場に出たら損するだけですもんね。

石丸　そうなんです。でも、それを恐れる人間は民主主義のリーダー失格ですよ。「再生の道」では議論ができる人を求めるし、議論の場を作りたいし、議論から逃げるやつは許しません。

――ＳＮＳでは陰謀論に走る者もいれば、ちゃんとエビデンスをもって意見を発信している人もいますよね。

石丸　そうなんです。今のＳＮＳは本当に危なっかしいと思っています。ＳＮＳは言論の場ではありません。どなたかが「ＳＮＳは肥溜《こえだ》めみたいなものだ」と言っていました。

東京都議会の動画配信がコンテンツ化する未来

――ＳＮＳポピュリズムって、もはや正しさを誰も求めてない気がしています。からまれると面倒くさいんですけど、立花孝志さんがエビデンスに基づいて発信しているのか、そうじゃないのか、支持者はあまり興味がない。立花さんに限らず、ドナルド・トランプだろうが誰だろうが、「この人が言っていることを信じたい」。議論が正しく機能する社会なのか、不安がありますよね。

石丸　ありますね。でもこれは属人的な問題なので、人間がいなくなったら消える。立花さんが息絶えたら、そこで終わりです。もしくは資金が尽きて、今のような活動ができなくなる可能性はありえますよね。そうなれば消えます。

大事なのは、システムさえ作っておけば、人が入れ替わりながらちゃんと回り続けること。言論の場が確保されていれば、時々エラーが起きても回っていく。「頑健性」「ロバストネス」(robustness)というカッコいい言葉があります。これを社会に備えつけることが大事です。

――都議会って生配信されているんでしたっけ。

石丸　都議会のウェブサイトに動画が載っています。

――「再生の道」で当選した人の議論がおもしろかったら、都議会のウェブサイトが注目を浴びる場所になるかもしれない。今のままだと、都議会なんて誰も見ないですもんね。

石丸　そうです。

――石丸さんは安芸高田市長のとき、ある種の政治のエンタメ化によって注目を浴びました。メディアの注目を集めさせておいて、議員に甘えさせない流れを作った。

石丸　都知事選のときに僕はこう言いました。「私が知事になれば、東京都のユーチューブのチャンネル登録者数は100万は軽く行くと思います。動画再生数の広告収入だけで、東京都に年間何千万円か入りますよ」

西田　議会の動画を公開するか非公開にするかは、議会が自律的に決めます。知事だけの判断では決められません。首長だけでなく、議会の側も論戦を通じて存在感を出していかなければならない。

——議会の公開・非公開は多数決で決めるんですか。

石丸　はい。議長が決めるケースが多いかもしれませんけど、議長自体が議員の多数決で選ばれます。ですから事実上議員が決めることになります。

対話と議論を深めるための「ラポール＝親密度」

石丸　あっという間に時間が過ぎました。

西田　社会学の世界では「ラポール」（フランス語の「rapport」＝親密度）と言うんで

すけど、ラポールの範囲は人それぞれ違います。今回、石丸さんがあまり外で話されてこなかった話がたくさんうかがえました。

マスメディアの記者は、そこまで石丸さんに近づかないで話を聞いていますよね。石丸さんもすごくガードが堅い。石丸さんは戦闘モードの状態で話す。もちろんそうしたスタイルには、演出的な側面も当然あると思います。少なくとも多くの人がステレオタイプな印象を抱くインタビューよりは、いくらか胸襟《きょうきん》を開いてお話ししていただいている印象があります。

石丸　マスメディアは、最初から角度をつけて報道しようとするでしょう。そこが気になっちゃって、僕としてはシバかざるをえなくなるんです。

第4章

公職選挙法の不思議

文春砲を喰らってしまった

――前回の対談で（2025年1月28日）、「再生の道」の詳しい話をいろいろな角度から2時間聞きました。今回は石丸さんの政策観、政治観を中心に訊いていきます。石丸さんの記者会見（25年2月6日）は、いろいろな意味でおもしろかったです。まずそこから訊いていきたいと思います。西田さんから見て、あの記者会見はどうでしたか。

西田　記者会見の内容は二つに分かれていました。一つは石丸さんが文春砲を喰らってしまいました。それに対応する内容です。

『週刊文春』（25年2月13日号／2月6日発売）に、石丸伸二陣営の公職選挙法違反（買収）疑惑が報道された。東京都知事選挙でライブ配信業者に報酬を支払うことになったものの、公選法に抵触するおそれがあるということで、「キャンセル料」の名目で97万7350円を支払ったと指摘されている。

西田 記者会見では「再生の道」に関して追加の新しい発表もありました。記者会見の映像はネットに上がっているので、皆さん、見ていただくといいと思います。

記者会見前段では、文春砲の「公選法違反の恐れ」に関して石丸さんが説明されるところから始まりました。あれはいかがでしたか。

石丸 この対談がオープンにされるころには、事態はずいぶん変わっていると思います。

まずあのときの状態についてですが、そもそも週刊誌報道を受けての会見ではありませんでした。「再生の道」の今後について会見を用意したのですが、報道があったので言及しないわけにはいかない、ということで話した。これは単なる我々の至らなさですけれども、全然準備ができていなかったことが表れてしまった。ただし、あの時点で最大限確認し、手を尽くし、話せることは全部話している状態ではあります。

会見の直後から確認を進め、1日、2日と経った今（2月8日）の時点で僕が知りえている情報を集めると、「公選法違反ではない」と思っているのが正直なところです。

西田 公選法は難しいですよね。極めて項目が多く、本人だけではなくて周囲との関係もあります。

石丸さんの陣営が公選法違反で摘発される場合、まず誰かが刑事告発しなければ成立しません。なぜかというと、都知事選から時間が経っているので、都知事選用に作られた取締本部はすでに解散しているからです。基本的に警察は、都知事選の選挙違反に関して普段は積極的関心をもっていないはずなんですよね。刑事告発が起きた場合、捜査を行なう可能性があります。

捜査が行なわれているかどうかを、どうやって確かめればいいのか。市民団体が「自分たちが刑事告発しました」と公表する場合を除くと、よくわからないんですよね。

「石丸伸二の公民権5年間停止」というワーストケース

西田　一番厳しいワーストケースはどうなるか。仮に誰かが刑事告発してそれが受理され、違法性が認められ、書類送検されるとします。文春報道の件もそうですが、事務的な手続きは陣営がやることが多いので、（石丸伸二本人ではなく陣営の誰かが）送検され、起訴され、有罪になるのがワーストケースです。有罪になると連座制が適用され、石丸さんの公民権は5年間停止される可能性があります。すると次の都知事選に出馬できなくなってしまう。

ただし（2025年6月の）都議選に関して言うと、直接にはほとんど影響はないでしょう。なぜかというと、まず石丸さんご本人に立候補する意思があるわけではないので関係ありません。石丸さんは「再生の道」のプロデューサー的な側面が強いので、社会的な様々な評価はあるにしても、かといって何かをやってはいけないことには特にならない。

今申し上げたワーストケースには、いくつかの段階があります。そもそも刑事告発され、受理されるのかどうか。それから書類送検などがありうるのかどうか。起訴されるのかどうか。起訴されると、日本の場合、9割を超える有罪率なので、なかなか厳しいはずです。ただし刑事告発が受理されたとしても、不起訴や嫌疑不十分で終わる可能性もあります。どこらへんに落ち着くかはわかりません。

石丸　おっしゃるとおり。最終的なところはわからんというのが実際です。

西田　説明を尽くしていただき、捜査の行方を待つしかないですね。

石丸　そうですね。こちらがどれだけ説明しても、あとは当局の判断、解釈です。こっちから成り行きを予想するのは限界があります。

西田さんが今ご指摘されたとおり、「再生の道」の活動に対する影響は限定的という見方は僕も同じです。僕が意図的に悪意をもって不正を働いたのであれば、レピュテーションはダダ下がりでしょう。大元はそうではない。だって、奇《く》しくも『週刊文春』の記事の中で裏が取ってあるじゃないですか。選対チームとしては「違法行為になるからダメだ。やめよう」と判断したと、ちゃんと書いてある。

ですから「再生の道」の政治活動に対しては、ほぼ影響はないと思っています。

西田　おっしゃるとおりです。同時に、あくまで都知事選時の問題です。

刑事事件として捜査が始まり、裁判になったとしても、最終的に有罪が確定するまでにかなり長い時間がかかります。都議選（２０２５年６月22日投開票）は今から数カ月後ですから、それまでにワーストケースが確定することはほぼありえません。

２０２５年２月、本件について市民団体ならびに大学教授がそれぞれ、公職選挙法違反

（買収）の刑事告発を東京地方検察庁に提出した。

時代錯誤でわかりにくい公職選挙法

――今この状況で声高に言うことではないかもしれないですけど、僕から見て本当に素朴な疑問なんですよ。公職選挙法ってあまりにも時代錯誤だし、わかりにくすぎる。何のためにあるのかわからない学校の校則について、「これは違反だ」「違反じゃない」と騒いでいるようにしか見えない。「違反だ」と言われている本人には悪意なんてないのに、「えっ、ダメだったんですか」という議論を延々とやっている。会見を見ながら「メチャメチャ意味ないな」と思いました。

西田さんは公職選挙法をどう見ていますか。

西田　公職選挙法は、衆議院議員選挙法、参議院議員選挙法、地方自治法などをまとめる形で1950年にできた法律です。今もそうですけど、基本的に選挙制度改革は政党主導で行なうんですよ。選挙を行政的に所掌しているのは総務省ですけど、総務省が「こうしたほうがいいから、こう変えていこう」とリードするわけではないんですね。

選挙制度改革はそれ自体が高度な政治性を有するので、基本的に政党間の合意を尊重しながら変えていくというやり方なんです。

そうすると、どうなるか。少しずつ少しずつ、いろいろな妥協の中で調整が行なわれていきます。現状維持的なバイアス、モメントが強く働く中で、ちょっとずつ変わっていくのです。だから時代錯誤に感じられるのではないでしょうか。１９５０年にできた法律に、今までちょっとずつちょっとずつタレを注《つ》ぎ足してきた。うなぎ屋の秘伝のタレみたいな話です。

――楽天の三木谷浩史さん（会長兼社長）が〈公職選挙法があまりにも時代錯誤で古すぎると思う。〉とポストしていました（２０２５年２月８日）。

西田　僕も見ました。

――そこにこういうコメントがついていたんですよ。

〈ペットボトルはフタを開けて、コップに注いで渡せばセーフ。ペットボトルのまま、どうぞと渡すとアウトらしいです。無駄な洗い物やゴミでるやん。なんやねんっ。

来客者に和菓子は出してもセーフ。ケーキなど洋菓子は贅沢品とかに該当するからアウトらしいです。いつの時代やねん〉

これって、まるで間違い探しじゃないですか。出馬するのが怖すぎませんか。しかも自分1人だけなら気をつければ「あっ、これはNGだ」と気づけるけど、ボランティアなどいろいろな人が関わるわけだから、そんなの無理ゲーじゃないですか。

西田　ある種ブラックボックスになっていて、慣れている人しかわからない。そうすると何が起きるかというと、業界ができるんですね。プロの人たちならば、うまくやれる。（公職選挙法は選挙への）参入障壁になっていると思います。

――あまりにも曖昧かつ時代錯誤で意味がわからない。もっと穿《うが》った見方をしたら、新しい人が出てきて出馬したときに、あとで「これは公職選挙法違反だよ」と指摘してその人を潰すこともできますよね。

西田　実際には司法、捜査当局の裁量なので、恣意《しい》的に新人を潰すとか、そういうことはやっていないと信じたいですね。それから当然ですけど、過去の判例が参照されます。たとえば自民党が強い中で「石丸のような新人が出てきたので潰してしまおう」と恣意的に運用されていれば、これは甚《はなは》だ問題です。

石丸　ナチュラルに、参入障壁が高いということだと思いますよ。

ペットボトルのフタを開けてコップに注げば合法

――実際に都知事選で選挙活動されてみて、石丸さんはそのへんのリスクとどう向き合ってきましたか。

石丸　世に言う「選挙プランナー」なる存在があるんです。選挙と法律に精通した方々が、プロとしていろいろ取り仕切ってくれる。僕のケースだと、急造で日本で一番大きな選挙戦を繰り広げるので、細部まで目が届いていなかったことは事実です。当然ボランティアのメンバー、ビラを配ってくださる方にも全員話をして（遵法）意識は届けてきましたけどね。

ペットボトルを未開封のままスタッフに渡すのがダメならば、キャップを開けて「はい、どうぞ」と渡すのはOKなのか。ここは解釈がズレるんですよ。「キャップを開けてコップに注げばOK」ということは「コップに注がなくても、フタを開ければいいんじゃね？」という解釈が成り立つかもしれないじゃないですか。

――そうですよね。頓智《とんち》だ。

西田　もはや正解が何かわからないですよね。

石丸　「このペットボトルは実は中身が違うんです」なんて言われても、もはや判断がつかない。（ラベルが剝がされたペットボトルについて）「これは『おいしい水』です」とか「これは『エビアン』です」とか「これはただの水道水です」と言われても、誰もわからないでしょう。

西田　普通の人はまずわかりません。

――わからないですよね。なのに現実問題として、こうやってツッコまれることがある。けっこうシリアスな問題ですよね。どういう対策が一番いいと考えますか。

石丸　小さい規模で選挙をやれるようにするしかない。安芸高田市の人口は約2万7000人です。安芸高田市長選挙のときは急造でしたけど、自分の知り合いをかき集めてなんとかなるレベルでした。あのときは選挙プランナーなんていなかったので、みんなで一個一個選挙管理委員会に問い合わせたものです。「わからないことは自分で判断せず、訊いてください」というので一個一個確認していきました。それしか対策はないと思います。

2013年のネット選挙運動解禁

西田　1950年に公職選挙法ができてから、時代状況はすごく変わっています。50年は、戦争が終わってからまだ5年です。どういう時代かというと、物資が足りなくて紙の値段が高い。だからお金持ちが有利にならないように、紙でできているポスターやビラの枚数を制限しているんですよ。今その制限は必要でしょうか。

さらに言うと、選挙のポスターやビラには証紙を貼らなければいけません。枚数制限は選挙によって違うんですけど、シールみたいなやつをペタペタ貼らなきゃいけない。これも必要でしょうか。

ちなみにインターネットを使った選挙運動は、ポスターやチラシと同じ「文書《ぶんしょ》図画《とが》」

という項目に位置づけられているんですよ。でも、ネットって「文書」なんですかね。石丸さんの選挙運動は動画じゃないですか。

――逆に言うと、新しく出てきたネット動画は無法地帯になっている。

西田　そうです。当たり前ですが、ネットの投稿や動画には証紙なんてペタペタ貼らなくていい。というか、貼れない。したがって投稿回数や再生回数の制限もありません。

――だから立花孝志さん的なハックが可能になってしまう。あべこべ状態なんですよね。

西田　公職選挙法が改正された2013年に『ネット選挙』（東洋経済新報社）という本を出したんです。若干自慢させていただくと、この本の中で「ネット選挙を文書図画に建てつけると、整合性が取れないことが起きるからやめたほうがいい。インターネットはインターネットで独自に法律を建てつけないといけないですよ」という議論をしているんです。

（ネット選挙運動をめぐる公職選挙法改正には）二つの方向性がありうると思っています。一つ目は、インターネットの投稿回数に制限をかける。でも、今そんなことをやったらアホみたいですよね。むしろ政治不信が生じかねない。

――切り抜き動画なんてどんどん作られるし、そんなの意味がない。

西田　「Xの投稿回数は15回まで」なんて制限をかけるのも無理じゃないですか。だったら、逆に規制を緩和する方向もありうるはずです。ポスターやビラの枚数制限なんて、なくしてもいい。戸別訪問もそう。その代わり、一定の規模は公費で措置し、（ポスターやビラ作成に使った支出の）細目についてきちんと公開して、チェックできるようにし、どんなことをやったのか社会に明らかにすればいいんじゃないでしょうか。

「メールの選挙運動は違法」「SNSの選挙運動は合法」という摩訶不思議

西田　続いて二つ目の話です。２０１３年の法改正でネット選挙運動が解禁された当時は、電子メールは特別だと考えられていました。ですから、一般有権者は、電子メールを使った選挙運動は今もできません。今もメールで選挙のお願いをしてはダメなんですよ。

――えっ？

石丸　SNSを使った選挙運動はOKでも、Eメールでやったとたん違法になるんです。

――メッセンジャーやLINEで頼むのはOKなんですか。

西田　OKです。

――メーリングリストで一斉に「投票お願いします」と言ったら……。

西田　ダメです。でも、LINEグループで4000人に選挙運動するのは可です。

――怖すぎる。すごいですね。

石丸　当時はSNSがなかったから、そこが抜け落ちたまま世の中が動いているんです。

西田　公選法の附則には、数年以内、次の2回の国政選挙までに見直すと書いてあるんですよ。でも附則は法的拘束力をもたないので、10年以上ほったらかし。政党間でも合意が取れないので、やはりほったらかしです。

〈2013年の公職選挙法改正時の附則（検討）より

第5条　公職の候補者及び政党その他の政治団体以外の者が行う電子メール（略）を利用する方法による選挙運動については、次回の国政選挙（略）後、その実施状況の検討を踏ま

え、次々回の国政選挙（略）における解禁について適切な措置が講ぜられるものとする。〉

立花孝志さんや石丸さんが出てきたからかもしれませんけど、自民党は急に「規制を強化しよう」という雰囲気になっていますよね。維新はよくわかりませんが、普通に考えれば、ネットに強い国民民主党とは選挙運動の規制強化は合意できないでしょう。ですから、おそらく２０２５年夏の参議院議員選挙までに大きな改正は起きないと思います。（ポスター掲示における）品位規定とか、その程度にとどまるんじゃないでしょうか。

――何も知らない若い人が出馬したら事故りまくりますね。

石丸　そうです。だから「気をつけましょう」と言うしかないんですよ。これは企業のコンプラの話とすごく似ていて、完璧がないんです。どこまでやっても、何かしらミスは起きる。製造業のトラブルをゼロにしようと思っても、ゼロにならない現実があるじゃないですか。かといって開き直るわけにもいかない。難しいところです。

「日刊ゲンダイ」記者との攻防戦

――石丸さんの記者会見（2025年2月6日）の話をもうちょっとだけ続けます。僕は別に親・石丸派というわけでもなく中立で見てましたけど、メディアの質問があまりにもしつこかった。コメント欄も「もういいよ」という反応が一般的な意見でした。「悪意をもってキャンセル代と偽り、業者に報酬を支払ったわけじゃない」と言っているのに、言葉の矛盾をつくためにいろいろな角度から追及し続ける。「これ、いつまでやるの？」と思いました。すごく意味のない時間だと思ったんですけど、そうでもないですか。

西田　なんとも言えないですね。一般論で言うと、『週刊文春』報道の内容について、石丸さん本人が故意に関与したとは考えにくい。文春もそういう認識ですね。まずは陣営、間にいた人、業者の関係における故意性と悪質性が問われていくと思います。

故意なのか。故意じゃないのか。最終的に人の気持ちなんてわからないですけど、いくつかの証拠が出てきて外形的に詰められる可能性はゼロではない。最終的には捜査当局、司法が判断していきます。

石丸　記者会見でのメディアの質問の姿勢は2種類、二つの要素がありました。一つは、角度を変えて問い詰めることによって真実を暴きたい、真相を究明したいというジャーナリズムの姿勢です。

もう一つ、シンプルに「人の話を聞いてないな」と思いました。ほかの記者が何を質問し、僕が何と答えたか、あまり聞いてない。「人の会話を理解してないな」と感じました。

――それはフジテレビの記者会見でも思いました。

西田　あのときは10時間超えでしたよね。

石丸　あの人たちは「自分が××を訊きたい」「△△の回答を引き出したい」とずっと考えているから、まわりの会話に乗っていないんですよ。僕が「それ、さっき言いました」とか「2個前に言いました」と言うとキョトンとするんです。「ヤッベエ、恥ずかしい……」みたいな気まずい表情をします。

わかって訊いているんだったら「私が訊きたいのはこういう意味なんです」とかぶせればいいのに、言葉をかぶせてこない。「こいつ、本当に聞いてなかったんだな」とわかる。即答で僕が「それ、さっき言いました」とか「言ったとおりです」と返すと「まずい」という表情をされるので「あっ、この人、今、恥ずかしい思いをしているな」とわかります。

――自分が質問している画《え》を自社のメディアで出したいから、わざと人と同じ質問を何度もしているのかと思いました。

石丸　それはあります。テレビ局が自分たちの映像で使う用に、ほかの記者と同じ質問を繰り返すことはよくありますよね。それとは別に、単純に人の話を聞いていないケースが多いです。

西田　おもしろいのは、自社の記事に書かれていることを記者に当てると回答できないことです。石丸さんが「あなたはポンコツだとお考えになるんですか」と（日刊ゲンダイの）記者に訊いていましたよね。すると回答できなくなっちゃう。

石丸　自社の媒体に出てくる論調なのに、記者に訊いたらモゴモゴとなっちゃう。「私もそう思ってます」と言えばいいのに。

――会見の翌日に、また石丸さんの悪口を書いていました。

石丸　あそこまで来ると芸ですよね。

2025年1月16日、「日刊ゲンダイDIGITAL」が〈早くも見えた石丸伸二氏「再生の道」の〝ポンコツ化〟〉と題する記事を発表。これを踏まえ、2月6日の記者会見で石丸伸二が「日刊ゲンダイ」の記者に逆質問して追及。翌2月7日の「日刊ゲンダイDIGITAL」に〈石丸伸二陣営が会見で露呈したグダグダ〉という記事が掲載された。

政治家になるための階段

――（2025年2月8日時点での）「再生の道」の現状を深掘ってほしいです。

西田　2月6日の記者会見の時点で、都議選の候補者に490人も集まっている。前回対談を収録したとき（1月28日）には300人でしたから、1週間ちょっとでさらにグッと伸びています。普通に考えれば応募締切（2月16日）までにさらに倍率が高まり、より競争的になっていく。候補者を選考する余地が生まれています。

お恥ずかしい話ですが、僕は当初「100人集まれば成功じゃないか」と申し上げていました。

石丸　2月8日の時点で550人集まっています。都議選に最大55人の候補者を立てようと思っているので、倍率10倍です。

応募者は最終的に1128人に達し、2月26日の記者会見で、石丸は最大60人の候補者擁立を掲げた。

――すごいな。

西田　それなりに選べて、競争が生じる。この状態はなかなかです。

――他党で同じことをやろうとしても、けっこう厳しいですか。

西田　そもそも他党は、こんなにオープンな形で候補者を集めません。候補者を公募した例は過去にありますが、もともと政治のまわりにいる人たちが応募してくるケースが多いです。高所得の男性ビジネスパーソンが、倍率10倍の水準で選挙の公募に集まってくる。こんな話は聞いたことがありません。

石丸　既存の政党は普段、もっと厳《おごそ》かに候補者を募集されています。「えっ、いつやったの？」みたいな。「××選挙区支部長」という肩書きで、次の選挙に出る人がいつの間にか決まっています。その支部長の方々を見てください。申し訳ないですけど、パッとしない方が多いですよ。「この人、選挙出るの？」みたいな。

――どういうスペックの方が多いんですか。

石丸　「会社に入って仕事をしてきたけど、パッとしないから政治家でもやってみようかな」というのが透けて見える。政治家のほうが、会社員よりラクでおいしく見えるのだと思います。都議だったら、間違いなく待遇は上がりますからね。

――メチャメチャプレッシャーにさらされることも、数字の競争にさらされることもない。

石丸　はい。

西田　ほかにいくつかあるルートだと、官僚から政治家になる。それから東大卒業の学歴が多い。「選挙が遠くないうちに行なわれそうなので出てくれ」と自民党から誘われて公認候補として「支部長」になるケースは少なくないです。

ちなみに、公募で政界に出てこられた有名な例は山尾（菅野）志桜里《しおり》さんです。彼女は検察官時代に民主党の公募に応募し、衆議院議員になりました。自民党では柴山昌彦さんなども公募元祖にあたるでしょう。公募に応募する人は、自民党か野党第一党かという選び方をされることが多いですね。そもそもいつ公募をやっているのか、普通の人は知りません。

維新政治塾と松下政経塾

――西田さんから見て「再生の道」への申しこみ人数はすごいと感じますか。

西田　多いですね。大阪維新の会が「維新政治塾」という勉強会を大阪で立ち上げたとき、全国に公募をかけて4000人集まりました。そこに1次的な書類のスクリーニングをかけて、2000人に絞った。それが2012年の話です。ただし「維新政治塾」はあくまでも勉強会という位置づけであって、半年後に選挙に出馬するためのものではありません。

――「再生の道」とは全然性格が違う。

西田　そう、全然違う。東京都議会議員選挙に出ることを前提にしながら、数百人も集めた。こんな話は聞いたことがありません。

石丸　何人かの方が、僕に政治塾的なものを開くよう勧めてくださったんですよ。それが自分にはまったく刺さらなかったんです。時間をかけて人を育てている暇なんてない。即戦力があれば足りる話なんです。だから、こういうふうにやってみたというだけです。このやり方で100％うまくいくかどうかはわかりませんけどね。

少なくとも、全国から政治家の卵を集めてきて孵化《ふか》させようなんてやり方は、壮大すぎます。そのやり方でうまく育つのか。そっちのやり方のほうが不確実だと思ったので、手っ取り早く効率的な手段を取っただけです。

西田　長く続いている政治塾で言うと、松下政経塾がありますよね。莫大な資金力を背景に、松下幸之助さんが神奈川県茅ヶ崎市にドーン！　と巨大な宿泊型、全寮型施設を造られた（1979年設立）。一時期は有力な政治家を輩出していましたが、最近は政治家だけでなく、もうちょっと幅広くNPOのリーダーなどを育てています。今は、特定の選挙に向けて候補者を発掘する政治塾ではありません。

勉強会、あるいは中長期で政治家を輩出・養成する機関としての政経塾はあるけれども、特定の選挙に向けて候補者を擁立するための仕掛けはほとんど例がない。大前研一さんの「平成維新の会」という取り組みは「再生の道」に近かったかもしれませんが、時代がかなり違う。あれは30年以上前（92年）の話ですからね。とてもユニークでした。

都議選候補者VS16〜24歳の面接官

西田　「再生の道」の候補者は、若い人たちの面接を受けるそうです。おもしろいですねえ。

面接官は16〜24歳を対象として公募。選挙区ごとに選ぶ（面接官に応募できるのは自身の住所や学校がある地域の選挙区）。「50人以上の団体の代表経験者（生徒会長等）を優遇。」という条件を設け、2025年2月7日〜3月2日に募集した。

西田　なぜおもしろいかというと、もともと「再生の道」で公表された「政治参加を促したい」という話とつながるからです。16歳から24歳ということは、有権者と有権者ではない人が交じっています。

ご承知のとおり、投票年齢は20歳から18歳に引き下げられました（国政選挙では16年7月の参議院議員選挙から実施）。18歳の投票率は高いんですよ。でも20代の投票率は30％ぐらいでして、とても低い状況です。19歳も20代と似ています。

投票率だけがすべてではないとしても、若者の政治的関心は総じて低い。その年代の人たちに面接官を務めてもらう取り組み自体、若者の政治参加を促していると言えます。ここに人が集まってくるとしたら、どういう人たちでしょう。政治とお祭りが好きで、ネットに親和性が高い若い人たちが関心を向けそうです。

石丸　（2月8日の時点で）すでに応募があります。

西田　早いですねえ。

石丸　10件ぐらいザッと目を通したんですけど、こちらの期待どおり、生徒会長経験者や現役の高校生徒会長が「やってみたいです」と言ってくれています。

候補者はホンモノかニセモノか　生徒会長の目線で見極める

西田　「50人以上の団体の代表経験者（生徒会長等）を優遇。」ということは、クラスの学級委員の規模ではないですね。生徒会長ぐらいの規模のリーダーに面接してもらう。

石丸　そこは悩みました。ある程度の集団の規模が、リーダーとしての資質の保証になると思うんです。バンドでもそうですけど、3人組とか5人組でも、リーダー格の人がいますよね。そういう規模のリーダーと、10人、20人、30人、50人のリーダーはだいぶ違うんじゃないか。（数十人規模だと）自分の目には見えないところまで動かさなければいけなくなってきますからね。1学級は30人から40人です。それを超えた集団のリーダーがいいのではないか。これが僕の感覚です。

西田　「学級委員的なやつに面接させるのか」とか「生徒会長に面接させるのか」と批判的に言う人がいますけど、別に学級委員や生徒会長ばかりに面接させるわけではない。いろんな集団でいいんですよね。

石丸　はい。生徒会長は一つの例です。

西田　16～24歳の若い人たちが、政治家に実際に会うことはほとんどないでしょう。石丸さんは先日まで市長でいらっしゃったわけですけど、生身の政治家と紙に印刷されている政治家は全然違います。期を重ねた政治家は、けっこう凄みがあるわけですよ。それこそ「迫力」としか言いようがない。30分とか1時間対峙《たいじ》していると、手から汗が湧いてくる。起業家もそうです。そういう感覚は、会って初めてわかる。実際に会ってみないとわからないものです。

――何もしゃべらなくても「この人はいろいろ修羅場をくぐってきたんだろうな」とわかる感覚はありますよね。

西田　おもしろいことに、面接官は面接するだけであって、候補者の審査には関わらないんですよね。

石丸　そうです。そこも悩んだポイントです。

西田　絶妙ですよ。

石丸　採点は僕がします。面接官に責任を取らせないほうがいいと考えました。ただし試行錯誤しながらやっているので、もしかするとあとで考えが変わり、面接官に採点してもらうかもしれません。

――絶妙ですよね。もし変な候補者が立ったとき、「お前が選んだんだろ」と若い面接官に責任が押しつけられちゃう。すると、もう次にやりたくなくなっちゃいますもんね。

石丸　前例がないので、どういう反応になるかはまったく読めません。

西田　こういう取り組の例は聞いたことがないです。

石丸　まずは責任を僕に集約させて、（面接官の）リスクは可能な限り減らす。このやり方が、プロトタイプとしては正しいと思います。僕と候補者のやりとりを横で眺めているだけでも、意味があると思うんですよ。

西田　石丸さんと候補者のやりとりを、若い面接官が相当の至近距離で観察している。

石丸　会話に加わらなくても、当事者には気づかなかったことが見えるはずです。「あの人どうだった？」「あの人、ずっと目が泳いでましたよ」と、そこに1人いるだけで僕が知らない情報を集められるはずです。そういう情報を、審査の中に加味できるんじゃないでしょうか。

リアリティショーとしての候補者選び

――「再生の道」のプラットフォーム的なスキームにしても、若い人を面接官に選ぶ発想にしても、石丸さんはテレビプロデューサーや放送作家的な能力がメチャメチャ高いと思います。

西田 僕はゲームクリエイターだと思っていました。

――家でじっと考えるのか。それとも一緒に考えてくれるメンバーがいるのか。どうやってアイデアを思いつくんですか。

石丸 1人でポツンと考えます。

――「そうだ、16歳の子を面接官に呼ぼう」という発想は、お風呂に入っているときとかにいきなりパン！　と思いついたんですか。

石丸 違います。どうやって面接をやったものか。そもそも論からして、オンエアしてしまうのか非公開でやるのか、どっちがいいのか。見せるほうがいい。リアリティショー的にやったほうがいいと思ったんです。ワンオンワン（1対1）で面接するよりも、横に誰かいたほうが幅が広がる。深みが出ると思いました。

それこそ西田さんや箕輪さんのような方に（面接のリアリティショーに）出てもらう方法も当然考えましたよ。堀江貴文さんみたいに、みんなが顔と名前を知っている人だったら、何かおもしろいことを言ってくれそうじゃないですか。

――『令和の虎』的に煽っちゃう方法もある。

石丸 だけど、そのやり方は現実的にスケジューリングが難しいです。42の選挙区に候補者を出すということは、少なくとも42回面接をやるんですよ。公平性を担保してフェアにやるためには、（有名人の方に）42回の面接全部に付き添ってもらう必要があります。たぶん42回はできないと思いました。

西田 忙しい人ほどスケジュール的に厳しいですよね。

――ホリエモンにボロクソ言われた人と、西田さんからフェアに質問された人が一緒に選考されるのはかわいそうですよね。

石丸 そうなんです。「一律に面接を実施したら、選挙区ごとに差が出ちゃうのはどうしても避けられない。だったら、はなから42選挙区バラバラに面接すればいいんだ」という発想に行き着いたんです。

投票年齢を16歳以下に引き下げる「Vote16」キャンペーン

石丸　「西田さんや箕輪さんのような有名人を面接官に選んだらどうか」と考えたものの、それはスケジュール的に難しい。「有名な人、自分の知り合いから面接官を選ぼうとするからダメなんだ。誰も名前を知らない無名な人から選べばいいんだ」と気づいて、面接官を公募することにしました。

では、どういう人を公募の対象にしたものか。25歳以上は被選挙権があるのだから、政治に関心があるんだったら自分が出ろという話です。選挙に出たくても出られない人に面接官をやってもらう。これが「再生の道」の趣旨にかなうのではないか。「広く国民の政治参加を促す」につながりますからね。

そこで16〜24歳という縛りを設けました。年齢を下げすぎると、小学生が「これに出たらおもしろい」と応募してきそうですからね。

——　画的《えてき》には、小学生が都議選の候補者と面接するのはおもしろいですけどね。

石丸　おもしろいとは思いますけど、面接される側にとっては当たり外れがありすぎる。言いたいことはいっぱいあるのに、小学生相手だと一つ一つ説明しなきゃいけなくなりますからね。ですからある程度の分別があり、物事がわかっている年齢がいい。そこで「高校1年生から」「16歳以上」という幅が決まりました。

西田　ちなみに、ヨーロッパやアメリカでは「Vote16」というキャンペーンがありまして、「投票年齢を16歳に引き下げよう」というのがトレンドなんですよ。日本では投票年齢は18歳から、被選挙権が得られるのは25歳または30歳以降です。候補者を審査する面接官が16歳以上という規定は、かなりがんばった水準といえ、ドラスティックです。石丸さんはやはりゲームクリエイタータイプです。

石丸　でも何かを創造したり、無から有を生み出しているわけではありません。一個一個チェックしているだけです。

――たぶん根本的に、仕組みを作るのが好きなんじゃないですか。1回うまくいけばいいわけではなく、持続的にうまくいくゲームを作るのが好きなんでしょうね。

石丸　そうかもしれません。

西田　僕は研究者で評論家だから、出てきたものに対してああだこうだ言うことは、いくらでもできるんです。分析屋さんですね。僕のようなタイプの人間は、分析はできても、なかなか新しい発想は思いつかない。どうやって思いついているんだろうと、すごく不思議です。

石丸「これはダメだったな。何がダメだったんだろう」とずっと考え続けています。迷路で迷いながらゴールに向かう感じです。「ここは行き止まりか。じゃあ元来た道を戻ってみよう」と。それが楽しいんです。

包丁を使わず料理「再生の道」の政治改革

西田　大前研一さんはかつて「広域の行政単位と基礎自治体単位さえあればいい。都道府県は要らない」と主張しました。つまり大阪維新の会の大阪都構想よりも、大前さんのアイデアのほうがずっと早いんです。でも大前さんの「平成維新の会」は実を結ばなかった。アイデアを言ってみても、実際形にして、それがある程度動いた例はほとんどありません。

ちなみに僕は、なぜか維新ファンの皆さんから「西田は維新の天敵だ」と思われているようで、「あいつは維新にいろいろケチをつけている」と怒られています。

維新は10年がかりで、地方から日本を変え、日本を変えることによって地方を変えようとしてきました。そのことによって、政治にダイナミズムを注入してきた。この点については、僕は維新ってすごくおもしろいと思うんですよ。二度も住民投票をやって、もしかしたら3回目もあるかもしれない。石丸さんの取り組みは、それとよく似て見えます。

大阪都構想の是非を問う大阪市の住民投票は、2015年5月17日と20年11月1日に実施。いずれも僅差で否決され、大阪都構想は実現していない。

西田　新しいアイデアを実行にもっていくまでには、ものすごいエネルギーがかかります。ですからアイデアが実行されたケースはあまりありません。維新が2000年代終わりから大阪都構想に挑戦し始めて、そこから15年ほど経って石丸さんが新しいことをやろうとしている。公募で何百人も集まり、数カ月後には都議選があり、どれぐらいの人が政界に入れるのか入れないのかはわかりません。いずれにせよ、「再生の道」の挑戦がすでに形になっていることがすごくおもしろい。

石丸　西田さんがおっしゃった話を聞きながら、ふと気づきました。維新もそうですけど、政治改革の行動や提案は「制度を変えよう」という取り組みが多いです。これは極めて難しいんですよね。だって、これまでの流れとルールは心地いいですから。公選法にしても「これでいいや」と思っている人が多数いるから、法律が古いまま放ってあるわけです。大阪都構想は、よくあそこまでもっていったと思いますよ。

僕がやろうとしているのは「制度を変えよう」ではない道です。「ルールはルール。そのままでいい。今あるルールの中で工夫してみたらいいんじゃないの？」という超お手軽なやり方です。キッチンペーパーやパックを使って、インスタントに作れる料理があるじゃないですか。あんな感じです。「包丁を使わずに簡単に料理しましょう」。これが「再生の道」のやり方です。

候補者の面接が公職選挙法違反に問われるリスク

西田　先ほどの繰り返しになりますけど、週刊誌報道といったん切り離して「再生の道」の枠組みを見ると、公職選挙法違反の可能性は考えにくいです。スキーム自体に、公選法違反が懸念される部分はありません。

ただ先ほどのペットボトルの話のようなケースは起こりえます。ポスター貼りに日当を払うこと自体は、労務費だから認められているんですよ。ポスター貼りをしているときに、誰かが話しかけてきたとしますよね。そのときに「このポスターの××候補をよろしくお願いします」と言うと、日当をもらっているので「買収の恐れあり」なんです。

――だったらハニートラップみたいに、いくらでも罠を仕掛けられるじゃないですか。

西田　「このポスターは誰ですか。あなたも応援されているんですか」と通行人から話しかけられて、「そうなんです。××さんと言います。投票をよろしくお願いします」とボランティアの人が言うとしますよね。その瞬間、録音や動画が回っていると「買収の恐れあり」になってしまう。

ですから「再生の道」に公選法違反の可能性ゼロとは言い切れません。でも、今申し上げたような事例を除くと、「再生の道」の提案自体の違法性はとても低いと思います。

石丸　ネタバラシなんですけど、都議選の候補者を選ぶ16〜24歳は「面接官」であって「審査員」じゃないんです。審査と採点は僕しかやりません。その理由は、まさに公選法違反のリスクを回避したんです。事前投票って違法なんですよ。

西田　そうですね。

石丸　その恐れを避け、消しておきたいという意図も実はありました。まわりの人に訊いてみたところ、「採点するだけなら、たぶん大丈夫だろう」と言うんですよ。ただし「面接官Aは××点でした」「面接官Bは△△点でした」と、甲乙つけた結果を表に出し始めると事前投票、人気投票に近づいていきます。結果を非公表にするにしても、採点をしたこと自体に違法性を指摘されるのは面倒くさい。

そこで最後は、自分の主観で決めるところに収斂《しゅうれん》させることにしました。「一応面接官の話は聞くけど、あくまでもこの人からは参考意見を聞いただけです。石丸伸二が個人的に独断と偏見で選びました」という形にしたのは、今申し上げた理由からです。

西田　なるほど。様々なリスクヘッジをちゃんとお考えになっている。

石丸　そうです。「リスクも含めてコストだ」と認識しています。オカネがかかる。時間がかかる。手間がかかる。トラブルのリスクも含めてコストを考え、コストを最小化する。これが僕の行動の基本原理です。

第5章 適材適所と最適化の政治

アンチの声なんてただの雑音だ

西田　「反石丸派の人たちを取りこもう、あるいは説得しようという姿勢が認められない。これはいかがなものか」という声を聞いたことがあります。こういう意見に対してどう思いますか。

石丸　知ったこっちゃないです。内閣総理大臣が「国民一人一人の声と向き合うべきだ」と言われるのはわかります。僕の場合、一個人が政治活動しているだけです。「政治団体の代表だ」「公の立場だろう」云々と言われても、それって解釈の問題じゃないですか。一個人が好きで政治活動している以上、問題ない。

さらに言うと、僕は自分を応援してくれている、自分を支持してくれている方にさえ塩対応です。「皆さんはこんなのが好きなんですね」と、超、上から対応ですから。支持者にさえ迎合しない。

――戦略論で言うと、反石丸派を生むことが、結果的に石丸さんの人気を作っているような気もします。アンチも取りこんで「みんなの石丸」になるという戦略もあるじゃないですか。そこはそもそも考えていないのか。石丸さんはアンチの存在すらも自分の追い風にしようとしているのか。どっちなんですか。

石丸　難しい質問ですね。何も考えていないわけではないです。全部考えています。そのうえで、アンチを活用しようとは思ってはいないです。反石丸派の存在がいるのは認めながらも、そっちに意識を取られないでいたい。アンチの声を気にして右往左往し始めたらブレますからね。「アンチがいるのは必要コストだ」と割り切って、「そういう意見もあるんですね。ご苦労さまです」という感じでサッとすり抜ける。相手にしない。

八方美人な政党なんてありえない

西田　そもそも政党はどうやって形成されてきたのでしょうか。世の中にはいろいろな利益で結びつく集まりがあります。たとえば職業団体です。ＩＴの仕事をやっている人たちの利益団体もあれば、モノ作りをやっている人たちの利益団体もある。そうした利益団体を代表する形で、政党や政治団体ができてきました。

それぞれの政党や政治団体が候補者を擁立し、選挙を戦いながら利益配分の調整が行なわれていきます。ですから、一つ一つの政治団体がすべての「公」の包摂《ほうせつ》を考える必要はありません。そこが自由民主主義の不思議であり、おもしろさですが、だからこそ、フェアなルールが必要です。

既存政党を考えてみても、自民党と共産党、自民党と立憲民主党の支持者は、当たり前ですけど、直接的には重複しません。そもそも、お互いの支持者を取りこもうとはしていませんよね。石丸さんが言うように、最初からアンチの人たちまで包摂しようとは考えなくてもいいのかもしれません。

石丸　それが現実社会であるにもかかわらず、なんで「石丸はアンチの声に耳を貸さないのか」と言っているのだろうという戸惑いはあります。アンチの皆さんは期待しすぎじゃないですか。僕は「新世界の神になる」なんて言ってませんよ。はなから「僕は自分ができる範囲でしか仕事をやりません」と言っています。僕に対する批判は、過度な期待としか映りません。

——　アンチの人は、なんで石丸さんのことが気になって「危険な存在だ」と恐れているんですかね。

石丸 既存の政党は「自分が所属しているコミュニティが削り取られる」と思っているんじゃないですか。政治学者は、自分がこれまで是としてきたものの根幹が揺るがされるのが気に入らない。あるいは、僕に過度に期待してしまっているのか。僕からしたら、アンチの人たちからぶつけられる意見はどれも「かわいいのう」という感じですよ。

生中継で古市憲寿氏をガン詰めした理由

西田 メディアに出ている石丸さんの写真は、どれも顔が怖いです。怖い顔写真かキリッとした顔写真ばかりが流通していますよね。「ポンコツ」と見出しを立てて記事を書きながら、かなり険しい表情をした顔写真を使うメディアもあります。

石丸 マスメディアはそういう映像や写真ばかりを厳選しています。

―― イメージも含め、石丸さんの得体の知れなさが怖いと感じる人も多いです。

石丸 そう思われていることはわかったうえで、敢えてそうしています。固定化したイメージを抱かれるのを恐れていたら、選挙特番の開票速報のときにスタジオのコメンテーターをいきなり詰めたりしませんよ。

西田　たとえば、この収録や過去にご一緒した配信では普通にキャッチボールをやってますよね。

石丸　「必ずこの場面だけが切り抜かれるな」と思ってやっていました。テレビも週刊誌もスポーツ新聞も、必ずこの場面を切り抜いて「石丸は選挙に負けたあとにキレていた」という論調にするだろうなと思っていましたよ。

2024年7月7日に東京都知事選挙を実施。日本テレビの開票速報でスタジオ中継を結んで、社会学者・古市憲寿《ふるいちのりとし》が石丸伸二にインタビューした。

「都民はなんとなく蓮舫さんが2位、石丸さんが3位と思っていた。出口調査の結果を見ると石丸さんが2位です。うれしかったですか」と古市が質問すると、石丸は「いえ、特に。勝ち負けなどという候補者目線の小さな話をしていない」と返答。さらに「これはメディアに対する苦言ですよ。そういう煽り方をするから、都民、国民の意識がダダ下がりなんですよ。いい加減にわかってください」とダメ押しし、石丸陣営から大拍手が起きて古市の声が遮《さえぎ》られた。

さらに広島1区から国政に出馬する可能性に言及したことについて、「都知事選はただの踏み台だったのか。売名行為だったのか」と古市が畳みかけると、「論理が飛躍しているし、下衆《げす》の勘繰《かんぐ》りでしかない。先ほど（国政選挙について記者から）訊かれたので可能性を言及しただけです。（今すぐ出馬する）意思はないとも言っている。文脈は把握していらっしゃいますか」と石丸が逆質問した。

――古市さんを詰めた狙いは？

石丸　メディアに釘《くぎ》を刺しておくことが狙いでした。絶対逃げられないタイミングを待ってたんです。都知事選の開票速報には全メディアが集まり、必ず僕にカメラとマイクを向けて映像を撮ります。どれだけ返り血を浴びたとしても、あの場で斬って捨て置かねばならなかった。血だらけの悪魔にしか見えなかったとしても、今斬らなかったら斬るタイミングがなくなってしまう。その覚悟です。

有権者をバカにするワイドショーのコメンテーター

――古市さんを斬ることによって、石丸さんは何を得たんですか。

石丸　僕は何も得てないです。「あっ、この調子で選挙と政治を報道したらまずいんだな。怒られた」というトラウマをもってもらう。メディアに反省を促す。

――あれを見ている視聴者というよりも、メディアに対して「お前ら、適当なことをやってたら痛い目に遭わせるぞ」と思い知らせた。

石丸　そうです。少なくとも日テレは「しまった」と思ったはずです。古市さんには申し訳ないですけど、日テレはもう古市さんを選挙特番には出さないんじゃないですか。古市さん自身も、次に政治家にインタビューする際はメチャクチャ気をつけられると思います。

――ワイドショー的な煽りは……。

石丸　もうできないと思いますよ。またやったら、鎮火しかかった火が燃え盛ります。古市さんの影響力はすごいので、あの方には反省してもらわなければいけなかった。あの瞬間僕が見た古市さんの態度は、「うわっ、これは完全にテレビの人だ」と思ったので、申し訳ないけどバサッと斬りに行きました。

西田　選挙特番って非対称ですしね。有名MCがいて、コメンテーターが手ぐすね引いて待ちかまえて、選挙が終わった直後の疲労困憊《こんぱい》の候補者に対してみんなでワーッと質問する。見方によってはアンフェアです。

石丸　敗者の弁を引き出したくなるわけじゃないですか。「選挙に負けて打ちひしがれている様子が画《え》になる」と思っている皆さん、あんたら狂っているよ。だから僕はあの場で「負けました」とか「皆さんごめんなさい」とは、1回も言わなかったです。そういう画をみんなが撮りたいのはわかっていました。でも自分はそうは思っていないし、そういう声を引き出そうとしても無駄です。イメージは100%悪くなるとわかっていましたが、あの場で古市さんを斬らずにはおれませんでした。

意見も思想も異なる人間同士が共生する道

西田　多くの人たちが「石丸伸二は不気味で得体が知れない」と思っているのかもしれません。石丸さんなり「再生の道」なりが、どんな動機やどんな仕組みで動いているのか。どう動きそうなのか。何を考えているのか。ReHacQやこの本を通じて、石丸さんが考える合理性や戦略を明らかにしていくことには意味があるはずです。

不気味で得体が知れない者がドーン！　と存在感をもつと怖いじゃないですか。どういう仕組みで動いているのかがわかれば、そこに参加するかどうかは人それぞれだとしても、共生できる可能性はありますよね。賛成できなくても、一緒にいてもいいかもしれない。

石丸　共に生きる。

西田　そうです。実際、世の中はそうできているはずです。ここにいる3人だって、かなりバックグラウンドは違うわけですよ。僕なんてよくわからない、この中でもっとも知名度の低い大学の先生だし、箕輪さんは編集者であり起業家でいらっしゃる。石丸さんは政治の世界で仕事をしている。3人の好みはたぶんかなり違う。だけど適当に折り合いをつけてやっていくしかないじゃないですか。

――プライベートの時間の過ごし方なんて絶対違いますよね。

西田　そうそう。

石丸 生存しているエリアがまったくバラバラで違います。

―― この3人は街では絶対会わないですよ。

石丸 街では遭遇しないメンツですよね。それでもみんな一緒に仕事はできるわけです。

イデオロギーから自由な「合理主義の政治」

西田 ここ10年ほど、れいわ新選組や参政党、日本保守党など少数政党がたくさん出てきました。なぜああいう小さな集団がたくさん出てきたのか。従来は大きな政党に集まっていた様々な異論を、政党が集約できなくなった。あるいは既存の政党が信頼できなくなったから、少数政党として結集していると見ることができます。

石丸さんを支援している人たちの集まりに、不定形な民意とエネルギーが新しく形として集まってきている。今はその過程だという気がするんです。これまでなかった政治的集団が生まれ、グラジュアルに（徐々に）民意が形になってきているイメージです。

石丸さんを支持し、石丸さんの周辺に集まっている人たちは、どんな政治的志向性、経済的志向性をもっていると考えますか。

石丸　ご質問にパッと答えると、合理主義かな。左右のイデオロギーではなく「現実的に国を豊かにしてほしい」という思いが強い気がします。

ご質問の前に、少数政党、小規模政党が増えてきたというお話がありました。裏を返すと、既存の政党の支持率は軒並み低いわけです。自民党の支持率が2割しかなく、国民民主党が若干躍進して支持率が10％を超えました。世論調査を見ると、一番大きいボリュームゾーンは無党派層なんです。その数字を見て「自分と同じ感覚の人たちがこんなにたくさんいるんだな」とずっと思ってきました。

「どの政党にも期待できない」という失望の中で、自分の願いをかなえてみたい。（「再生の道」のビジョンに賛同する人が）自分しかいないのだったら「お呼びじゃなかった」とあきらめようと思っていました。

世の中の数字を見渡せば、「みんな今の政治に満足していないんだな」とわかります。

西田　ハイスペックなビジネスパーソン、仕事ができる人たちが、合理主義的に石丸さんの政治運動に参加してくれている。

石丸　そうです。国という事業体をうまく運営してほしい。僕の思いはそれだけです。

――経営者を選ぶ感覚と似ているかもしれませんね。経営者にイデオロギーなんてないほうがいいわけで、会社をうまく合理的に成長させてくれればいい。

石丸　アパレル業界でも自動車産業でも、思想が右か左かなんて誰も問わないじゃないですか。売上を伸ばして利益を上げ、税金を納めてくれれば素晴らしい。消費者はいい服を着ることができ、いい車に乗れて助かる。国もそうあってほしいんです。

――国を経営する。

石丸　そうです。逆に言うと、経営改革の発想がない政治があまりにも多すぎる。そりゃ国は衰退しますよ。国力が落ちている現実は、GDP（国内総生産）などの数字でいくらでも確認できます。このままではヤバい。日本という国を経営するまともな経営者が出てこないとまずいです。

トランプ派に乗り換えるマーク・ザッカーバーグの変わり身

西田　有力な経済団体には経団連（日本経済団体連合会）と経済同友会があります。経団連の会員は大企業が占め、同友会は経営者個人の集いです。どちらも保守的な性格が強く、経団連は自民党支持、同友会はどの政党を支持するかははっきりさせないにせよ、保守的であることには変わりありません。

でも、同友会的なものにくくられない新しい経営者、若い経営者もいて、新経連（新経済連盟）に集ったりしています。

石丸 経団連と同友会を見ていて思うのですが、必ずしも右の人ばかりではありません。単に「自民党がずっと多数派を占める与党だから、そこに乗っておくのが合理的だ」という判断でしかないのではないか。（２００９年に政権交代してから）民主党がずっと政界で幅を利かせていたら、経団連も同友会も民主党に乗り換えていた気がします。だって外部環境が左に染まっているのに、企業として「我々は右を支持します」いう姿勢では得しないじゃないですか。

企業は単に損得で動いているだけだと思います。右のポリシーをもって「この政策を実現してくれ」と言う経営者もいるかもしれませんが、経営者は意外とドライなんじゃないでしょうか。

西田 アメリカの企業家が典型ですよね。

石丸　Metaが急にポリシーを変更しました。

２０２４年11月5日のアメリカの大統領選挙で、共和党のドナルド・トランプが当選。すると大統領就任式（25年1月20日）直前の1月7日、FacebookやInstagram、Threadsを運営するMetaのマーク・ザッカーバーグCEO（最高経営責任者）がＬＧＢＴ（性的少数者）や移民に関するＳＮＳのポリシーを変更すると発表した。

民主党のバイデン政権は、ＬＧＢＴやマイノリティに対して寛容な姿勢を示す「ＤＥＩ」の姿勢を主張。ＤＥＩとはdiversity（多様性）、equity（公平性）、inclusion（包摂性）の頭文字。トランプはＤＥＩを否定する立場であり、ザッカーバーグは次期大統領に同調する姿勢をいち早く示した。

――資本主義の世界で生き残るって、ああいうことなんですね。

石丸　そう。トランプに逆らっても、ここから4年間得することなんてないですからね。下手したら潰されてしまいます。となったときに、引けるところは引く。ザッカーバーグはビジネスパーソンだなと思いました。

――僕の起業家の知り合いも、ビックリするぐらい仲間割れしていたのに、1週間後には会食の場で握手してますからね。

石丸　日本の政治家は、自分のプライドを第一に考えすぎる人が多いんです。一度言った言葉を覆せなくなっちゃったり、もしくは自分の立場を守りたいからウロウロしちゃう。まわりの経済的な観点やコスト意識を考えていない政治家が多いんです。そういう意味では、企業や経営者のほうが政治家よりよっぽど信頼できます。

石丸新党を応援する70～80代のシニア層

西田　今「再生の道」に集まっている方々や、石丸さんを支持している人たちを「アッパーミドルのエリート」とくくっていいものですか。そうでもないですか。

石丸　どうでしょうね……。

西田　微妙に非対称的なところがある気がしています。石丸さんはアッパーミドル的なエリートを政治の世界に引きこんでいきたいと思っている。しかし、石丸さんを支持しているのは必ずしもそういう人たちとは限らない。

石丸　限らないと思います。

――アッパーミドルのビジネスパーソンは、石丸さんがどういう人かわかってないと思います。新しく出てきたトリッキーな政治家だと思っているんじゃないですか。

石丸　僕の支持者は「アッパーミドルのビジネスパーソン」というくくりではなく、もっと裾野が広いと思います。ユーチューブチャンネルの視聴者の属性を見ると、70～80代がけっこう多いんですよ。そこはネットもユーチューブも圧倒的に使っていない層のはずなのに、ボリュームが大きい。純粋に感情的に僕を応援してくれているシニア層が多いのではないでしょうか。

――オールドメディアと腐敗した政治屋に、若い人が立ち向かっている。その姿を見て応援したい。

西田　支持者や傾向についても、メディア報道の解像度はとても低いです。

USBを知らないサイバーセキュリティ担当大臣

西田　「仕事ができる人たちが政治の世界に飛びこんでくれば、政治が良くなる」。この意味について、あらためておうかがいできますか。

石丸　現状、何もわかってない政治家が多すぎます。USB（パソコンなどと周辺機器をつなぐ、広く使われている規格の一つ）が何だかわからない政治家がサイバーセキュリティ担当大臣なんてやるなよ、と。あれは致命傷でした。彼を選んだ責任は大きいと思いますよ。だってパソコンを触ったことがない人間に、よりによってデジタル系の大臣職を任せているんですから。

2018年、安倍晋三内閣の櫻田《さくらだ》義孝・サイバーセキュリティ担当大臣が「パソコンは使わない」「USBが何であるかわからない」と国会答弁して批判を浴びた。

石丸　デジタルだったらまだ許されるかもしれないですけど、防衛大臣が同じレベルだったらどうなるか。

――たしかに。ミサイルがどうやって飛ぶか知らない人が防衛大臣を務めてたら怖すぎます。

石丸　国防も外交もわかってない人間に防衛を担わせるなんて、恐ろしすぎじゃないですか。

――USBが何か知らない人がIT企業の社長をやってたら、民間企業ならとっくに潰れてますよ。

石丸　そこがウィークポイントで狙われますからね。たとえばの話、外務大臣がハニートラップに弱いとか致命的じゃないですか。人材の配置が適材適所になっていない。

さっき申し上げた経営感覚が政治家にほしいんですよ。官僚を動かすトップが国務大臣、その頂点が内閣総理大臣です。地方には知事がいて市長がいる。そのリーダーにビジネス感覚がなければ、行政はどんどん廃《すた》れていきます。

実際、僕が安芸高田市長になったとき、職員にビジネス感覚を養う機会がないことに驚きました。町長や市長は昔から地元の名士が務めていて、「あの人は偉いから」というだけで選挙に何度も通ってしまう。若干仕事の経験があっても、ビジネスの第一線の現場でバリバリ働いてきた首長は多くないんです。

使えない議員だとわかったら次の選挙で落とせばいい

――「再生の道」にビジネスパーソンをメッチャ入れて合理主義でやっていくとして、リーダーの石丸さんが特定のイデオロギーを押しつけることはない。と言いつつも「ここは大事だよね」というコアがあったほうがいいという人もいると思います。

石丸　これはですね、実は心配無用なんです。なぜか。選挙があって任期が決まっているからです。議員は選挙で選んだわけですよね。結果責任は（投票した）皆さんが背負うんです。「あなたたちが選んだんじゃないですか。あなたたちは権利を行使したんですよ」という出発点に僕は常に立ち返りたい。

人のせいにして四の五の言って他責し始めたら、民主主義は成り立ちません。そのうえで、任期があるのがいいんです。東京都議会議員の任期は4年しかない。「うわっ、この人を議員に選ぶんじゃなかったよ」と後悔したら、次の選挙でちゃんと選び直せるじゃないですか。

経営者は違います。ワンマン経営者は、会社ごと自滅するまで残れちゃうんです。社員はその経営者に引っ張られ、経営者の首をすげ替えることなんてできません。「自分たちが判断を間違えました！」と言って代表を替えられるのが、選挙というシステムのいいところなんです。

安芸高田市長時代、僕は合理主義的に仕事をしました。そのことについて「コストカッター」と悪口を書かれたものです。既存の予算を大胆に削った部分もありますから、そういうとらえ方もできるでしょう。では市長が替わったあと、僕が削った予算を後任の市長が復活させられているか。ほぼできてないです。多少復活させるセコい話はあるものの、抜本的な復活はできていません。なぜなら予算には制約があるからです。

予算に限りがある中、僕は最適な形で配分し直しました。これを元に戻そうものなら、そっちのほうがダメージが大きいことを、市長本人も職員もわかっているんです。だから元には戻せない。揺り戻しはあったとしても、前の状態には戻せないのです。

持続可能な地域を築くために必要な「シビックプライド」

――アンチ石丸さんは、新自由主義的な空気をまとっている人に対する恐怖と批判の気持ちをもっています。「こいつら全部合理性で行きすぎて、弱者を切り捨てるんじゃないか。分断を生むんじゃないか」と思われているんです。そこに対して石丸さんのメッセージが届いていないのかもしれません。

石丸　みんな僕が安芸高田市長時代に何をやったか知らないんですよね。安芸高田市を潰さないために、我慢できるものを削っていったんですよ。

――守るべきものは守り、削ったほうがいい部分には合理性を利かせていく。どこを守れば弱者切り捨てにならないんでしょうね。リーダーのマニフェスト的なものがあったほうがいいのか。

石丸　選挙を通して選ばれたリーダーたち、市長や議員のポリシーが大事です。取捨選択するときは、優先順位をつけることが何よりも大事ですよね。何に重きを置くか。

――できるビジネスパーソンが大勢集まったとして、そのうえでポリシーは当然大事ということですか。

石丸　そうです。利益を最大化するのは当たり前のマインドセットですけど、そのうえで「短期的な目線だけでなく、中長期的な目線ももちましょう」と僕は言っているんです。中長期的な目線を忘れたら、目先の利益を追って、目先の損失ばかりをカットしていきかねない。そして「1期4年で終わり。あとは知りません」と放り出しちゃう。それだと良い結果には向かいません。

長い目で見て、子や孫、その先の世代まで見通して今何を選ぶべきか。リーダーだけでなく、市民にもそういう感覚をもってほしい。これが僕が安芸高田市長時代から言ってきた「シビックプライド（civic pride＝自分が暮らす地域に対する市民としての誇り）の醸成」です。

今自分が住んでいる町を、どうやって後世に残していくのか。「オラが村」の意識では後世までもちません。そのことを市民の皆さんに伝えつつ、ちょっとずつでも「ここは我慢しよう。その代わり、これは残そう」と取捨選択していく。

もちろん首長も議員も声を張りますけれども、市民一人一人にも自分が住む町の持続可能性について考えていただきたい。柔らかく言うと「ふるさとへの愛情」「郷土愛」

「シビックプライド」が市民感覚として必要だと僕は思います。

未来のために予算配分を取捨選択するロジック

西田　「再生の道」に応募してくる人には、ポリシーやアイデンティティを積極的に打ち出してほしい。

石丸　そうですね。

西田　ハイスペックなビジネスパーソンとしてのスキルをもちつつ、同時にポリシーを表明する。

石丸　何を大事にするか。「これからの時代は高齢者福祉が必要です」「これから少子化が進むので、子どもたちにより良い教育を提供します」。どちらも正解だと思うんです。予算の制約がある中で、どうやって利益を最大化するか。そこは議会で大いに議論すればいい。

西田　実現可能なアイデアをロジックを使ってプレゼンテーションし、ほかの人たちを説得していくということですか。

石丸　そうです。ロジックを使って、ちゃんと筋道を立てて説明する力が要ります。議会とは、議論する機能を果たす場所です。議論するための能力とは、説明力や読解力、理解力です。その能力がない議員がけっこうたくさんいるせいで、なかなか議論にならない。すぐにケンカになり、「あいつはオレに挨拶しなかった」とヘソを曲げて話もしなくなる。これって企業人の感覚と全然違うじゃないですか。メンツを大事にするなんて、何の役にも立ちません。

西田　「少子化対策がなされていないのはいかがなものか」と文句を言うだけでなく、「少子化対策のため、現行の予算をこう組み替えれば機能する蓋然《がいぜん》性が高い。だからこう組み替えたい」と提案するような人ですかね。

石丸　「公園があまりにも窮屈だ。子どもたちがボール遊びできるよう、公園整備に予算をつけよう」でも全然いい。その視点でいいんです。そこは首長がバシッと言う必要はない。特定のエリアで暮らす人たちの声を集約するのは、議員の役割です。

「再生の道としての政策を掲げろ」と僕に言われても、僕は今回の都議選に立候補しませんし、現職の知事でもない。「再生の道の政策は特にありません」と言う意味はそこです。

国会議員の被選挙権を18歳まで下げる

西田　これは教育の課題が大きいと思うんですけど、日本では大人も若い人も政治的知識がとても乏しいです。逆に言うと、若い人が政治家になってはいけない理由がないと思うんですよ。みんな政治的知識が乏しいわけですからね。

被選挙権を得られる年齢は25歳または30歳ですけど、25歳も30歳も18歳も政治的知識は変わらない。それどころか、高校で勉強している18歳のほうが政治の知識が頭に入っているかもしれません。

――学校を卒業したらどんどん忘れていきますからね。

西田　はい。年齢が上がるとどんどん忘れていきます。「若い人は政治に参加してはいけない」という理由は、日本ではほとんど成立しないと思います。

衆議院議員の被選挙権は25歳から、参議院議員の被選挙権は30歳からです。「30歳だから成熟している」と言えるのか。25歳と30歳にどれほどの違いがあるのでしょうか。

むしろ大学を卒業してから時間が経って、政治的な知識を忘れちゃっているんじゃないでしょうか。そうであれば、被選挙権が得られる年齢をもっと引き下げてもいいはずです。究極のところ、誰が政治家になってもいいのではないか。

石丸　麻生太郎《あそうたろう》さんや菅義偉《すがよしひで》さんがフィクサー的な立場でいられるのは、人事権や資金力、政治力といった権力を盾に、交渉カードをたくさんもっているからです。あの人たちの意思決定によって人が動き、カネが動く。だからみんな従う。みんな従うから、交渉はなおさら有利になる。

トランプさんが今メチャクチャ影響力をもっているのは、大統領に再選されたからです。大統領になる前に今と同じことを言っても、ほとんど無意味でした。

――Xのアカウントですらバンされてましたからね。

石丸　期を重ねて地位を確立し、権限を握ることが「政治力」の本質なのだとすれば、それは政治や行政に必要だとは思いません。そうした「政治力」は、政治家が自分の好みの世界を作る際には便利だと思います。行政はシステムですから、きちんとオーダーすれば基本的に行政は動き、機能するんですよ。

属人的に「あいつはオレの知り合いだからうまく言っておくよ」と裏で根回しして握ろうとしたら、それこそ変な貸し借りが生まれてしまう。「今回はこっちの意向を呑んでくれないかな。その代わり、違うところでカネを回すから」と、裏でオカネが動くことだってあるでしょう。いわゆる「政治力」に依存していたら、どうしたって変な利害関係が生まれてしまいます。

西田　「後光効果」とか「ハロー効果」「役割理論」と言うんですけど、一度役割に就けてみると、自然と「役割が人を作る」状態になることがあります。責任ある立場に立てば、人は立場にふさわしいように振る舞い、実質的な能力が磨かれていくということです。

「再生の道」で議員になった若い人が「議員ってこういう仕事をやるんだね」と次第に学んでいき、やがて議員としての実質的な能力を醸成させていくこともあるかもしれませんね。

ロートルは速やかに去れ　ロスト・ジェネレーションの新時代

石丸　都議選候補者に公募してきた中で、一番多い年齢層は40代前半です。つまり僕（1982年生まれ）と同世代なんです。

――上司から仕事を振られる立場ではなくなってきて、経済的にもある程度余裕が出てくる。あるいは自分が経営者になったり起業したりして、時間を自由に使える人たちですよね。

石丸　そうです。社会の中で経験を積んでいろいろなことがわかってきて、力も蓄えられている。そういう層が一番厚いです。下の世代も育てたいなと思って、16～24歳の若い子を面接官にすることにしたんですよ。彼らはもうスタンバっているし、なんならスタメンに入れる状態かもしれません。

西田　2025年現在で40代半ばだと、就職氷河期世代の最後のほうの人たちですよね。

石丸　そうです。まさに僕の世代です。

1990年代初頭、バブルが崩壊して日本経済は「失われた10年」「失われた20年」と呼ばれる長期不況の時代に突入した。93～2005年ごろまで若者の就職難の時代が続き、同時に小泉純一郎政権の規制改革と労働市場自由化によって、非正規雇用の労働者が激増。就職氷河期世代は「ロスト・ジェネレーション」(失われた世代)と呼ばれる。

西田　就職氷河期世代が、社会のメインプレイヤーになりかけている。これまでのリーダー層とは違うタイプの人たちがだんだん社会の中核になってきて、人々の価値観が大きく動いている。そういう転機の中で、石丸現象が起きています。

――そのうねりを感じますよ。

石丸　僕は今42歳ですが、僕ですら古くなってきているという自戒の念、恐怖感があるんです。

西田　どういうことですか。

石丸　今すくい上げようとし、上に上がらせようとしているもっと若い世代が、今からメインになってもいいんじゃないか。なぜこんなことを言うかというと、坂本龍馬が活躍したのは20代後半じゃないですか(33歳のときに暗殺された)。ナポレオンが皇帝になったのは34歳です。世界史的に見て、20代や30代はもっと活躍できるはずだと僕は昔から思ってきたんですよ。

僕が20～30代のころには鬱屈《うっくつ》していて、「なんで日本社会は年功序列の縦社会なのか。なんか天井低いよな」とモヤモヤしていました。「こんな天井は外しちゃえ」という昔からの願いをかなえるため、今活動しているわけです。この先は、石丸伸二という存在すら早く飛ばしてしまいたい。自分がみんなの邪魔になりたくない。若い彼らの可能性を僕は信じていますし、その可能性をもっと大きく広げてほしいと期待してるんです。

「能力主義」「合理主義」という言葉の意味

西田　石丸さんはこれまで、年功序列的な社会観に息苦しさを抱いてきたんですか。
石丸　「老害」という単純な見方ではないんです。「年を取っていることが悪だ」と言いたいわけではなく、年功序列があまりにも強く作用する社会に憤りを覚えてきました。
西田　能力がある若い人や中堅がいても、制度的な壁、慣習的な壁に阻まれてなかなか力を発揮できない。政治の世界はとりわけそうした傾向が顕著です。石丸さんはその壁を外していきたいということでしょうか。

石丸　僕から見ると、ただただ非合理的なシステムなんですよ。能力主義と年功序列って相容《あいい》れないですよね。スタートアップを見れば、若い人だらけです。50代、60代なのにスタートアップをやっている人なんて、あまり見たことがない。

西田　一言で「能力主義」と言うと「能力をもっているやつだけが偉い」と取られてしまいます。世間でいうところの「能力主義」の語意と少し違って、石丸さんが言いたいのは、要するに「能力をもっている若手や中堅の社会進出を阻む壁を取り払いたい」ということですよね。「能力がないからダメ」と誰かを切り捨てるわけではない。能力がある人が思うように力を発揮できないボトルネックを取り去りたい。

石丸　そのほうがみんな幸せになれると思うんですよ。

西田　それを「能力主義」とか「合理主義」と言うから、すごく冷たく聞こえているのかもしれませんね。別の表現にすれば、ポジティブに受け取られることもあるのではないでしょうか。

第6章

石丸伸二の経済・外交・安全保障・社会保障政策

ゾンビ企業は市場から淘汰　それが日本経済の新陳代謝

西田　ここからは石丸さんのポリシーを幅広くうかがっていきます。抽象的で大きな話でいいんですけど、石丸さんは日本経済をどうしていくべきだとお考えですか。

石丸　日本という単位で見たときですか。

西田　そうです。

石丸　新陳代謝を高める必要があると思っています。日本からスタートアップがもっと出るようになったほうがいい。古くから続いてきた会社が生き永らえることも、僕は新陳代謝だととらえています。アメリカって、新しく出てくるベンチャーも多いですけど、潰れる企業がメチャクチャ多いんですよ。それがアメリカの新陳代謝です。日本はそうではありません。

ソニーは昔トランジスタラジオを作っていましたが、今はエンタメと金融が収益の半分以上です。事業の中身は時代とともに変わり、変質していきます。それが日本流の新陳代謝だとすれば、今あるものがゾンビのように生き永らえるのではなく、元気に売上と利益を出して納税してくれる存在でいつづけてほしい。

マクロでは経済は確実に悪化します。内需が縮んでいく以上、これまでどおりにはいきません。ですから変わらないといけない。企業の大小にかかわらず、ソニー以上の変化がこれからの時代には求められます。その変化に向かうべきだというのが基本です。

西田 なるほど。日産とホンダがくっつこうがバラバラのままだろうが、世界で売れる革新的な商品を作ってくださいね、という見方ですか。

石丸 そうです。そうじゃないと両方ともなくなるだけですからね。世界の人口は、どこかの段階でピークアウトする予測になっているんですよ。今はまだ車をもっていない人が多いので、世界向けの販売台数は増え続けます。そこに日本車はあまり入りこめていなかったりする。

国内マーケットがほぼ絶望的になっているのだとすれば、早く生き残る方法を思いつかなければ消えるだけです。自動車産業が消えれば、下請け企業の裾野がものすごく広いので、日本という国全体が傾いてしまいます。だから今がんばらないといけない。

——大して利益を出してないのに延命されているゾンビ企業は、1回潰れたほうがいい。新しいことにチャレンジする企業にエネルギーを回していったほうがいい。

石丸　潰れるのか。あるいは生まれ変わって蘇生し、生き永らえるのか。

西田　任天堂なんて昔は花札を作っていた会社ですからね。その会社がファミコンやスーパーファミコンを作るようになって、「Nintendo Switch」を出して「Switch 2」も出す。革新的な商品とイノベーションを生み出し続けてきました。

石丸　生み出す必要があるし、これからも生み出してほしいと思います。任天堂はポケモンも生み出したんですよね。ポケモンだけでも凄まじい売上ですよ。キャラクターグッズの売上は、ひょっとするとディズニーに並ぶレベルなんじゃないですか。世界中のみんながピカチュウを知っている。人類の端くれとして、僕は純粋に「ポケモンはすごい。任天堂はいいものを出したな」と思います。

人口減少社会の日本　経済成長はあきらめて経済維持を目指す

西田　訊くまでもない質問かもしれませんが、経済成長したほうがいいと思いますか。

石丸　難しいですね。人口が減ると、たぶんＧＤＰはマイナス成長が既定路線になっちゃうんです。頭数が減りますから。

西田　日本が経済成長できるかどうかはさておき、石丸さんが経済成長を好ましいと思うかどうかお聞きしてみたいです。

石丸　1人当たりGDPを維持することが大事だと思います。

西田　無理に成長は目指さず、できる限り現状を維持する。

石丸　維持です。できれば伸ばしたいですけど、極めて難しい。だって頭数が減っていくわけですから。今まで1000人で戦っていたのに、これからは100人で戦うとなったら、まあ不利ですよね。海外とやりとりするわけですから。維持するのが限界ですし、維持を目指すのが現実的です。

名目GDPも実質GDPも、グロス（gross＝総量）は確実に減ります。となったときに、1人当たりGDPを保つしかない。シンガポールやルクセンブルクは、1人当たりGDPがメチャクチャ高いです。ああいう国のように、人は少なくても豊かな社会へとシフトしたほうがいい。

今まで日本は数で攻めてきました。世界を見渡したとき、1億2000万人という人口はけっこう上位なんです。大国なんです。その大国に勢いがなくなっていくことを、日本人はまだわかっていません。

西田 アメリカは3億人、EU（欧州連合）は5億人ですからね。インドネシアは2億8000万人です。1億人という規模は、世界の中ではまあまあ大きい。

石丸 バングラデシュやインドの人口も伸びています。中国も人口爆発で急成長しました。アメリカはまだ人口が増え続けている。

人口が減る中で戦っていく方法を、たぶんまだ誰も見つけてないです。日本は良くも悪くも先進国なので、ここでうまく立ち回れば100年先、200年先に世界の中で最強になっている可能性はあります。

――前向きな撤退戦によって、新しい形を見つける。

石丸 そうですね。早めに撤退し、態勢を立て直してから打って出れば、次の戦《いくさ》では勝てるんじゃないか。中国はここからキツイですよ。一人っ子政策の反動が襲ってくるので、共産党体制が維持できなくなるかもしれない。すると革命と反乱が起き始める可能性があります。

日米安全保障体制は維持　自主独立と自主防衛は非現実的だ

西田　経済に続いて、外交と安全保障観はどうですか。やはり漠然とした大きなお話でかまいません。

石丸　「保守です」と言い切ろうと思ったんですけど、日本の保守って今よくわからなくなってますよね。

西田　そうですね。

石丸　日米安保体制賛成＝保守でいいのかな。本来の保守って「自国のことは自国でやる」じゃないですか。「アメリカに頼らず自主独立する」が本来の保守の姿です。

西田　日本において、「保守本流」と呼ばれてきたのは宏池会[*1]です。吉田茂以来「軽武

＊1―　1957年に結成され、2024年に解散した自民党の派閥。初代会長は吉田茂の直系の弟子である池田勇人。その後、大平正芳・鈴木善幸・宮澤喜一・岸田文雄と5人の内閣総理大臣・自民党総裁を輩出、野党時代にも河野洋平、谷垣禎一と2人の自民党総裁を輩出した。ハト派路線で、自民党の名門派閥と言われてきた。

装」「国際協調」が保守本流だとされてきました。でも最近はどちらかと言うと、タカ派的なものが保守だと見られています。

―― 百田尚樹さん（作家、日本保守党代表）や井川意高《いかわもとたか》さん（カジノで106億8000万円を熔かした大王製紙の元会長）が保守じゃないんですか。

西田 はい。実はみんなが「保守」を標榜《ひょうぼう》する時代です。立憲民主党の枝野幸男さんやリベラル系の政治家も「自分たちこそが真の保守なのだ」と言うようになりました。

―― 保守の取り合いになっている。

西田 そうなんです。多くの主要政党は「自分たちは保守主義です」と標榜しています。「リベラルです」と言うと人気が出ない。

西田 リベラルは人気がないですね。

石丸 リベラルにちょっと軽いイメージがついちゃったのかもしれない。

西田 だから今はみんな保守なんです。

石丸 だから、保守云々と言うと紛らわしい。シンプルに事実を言うと、日米同盟をベースにした体制で歩むほうが、日本にとって経済合理性が高いんじゃないでしょうか。

日本はそのやり方でこれまで繁栄してきました。ここから体制を変えるのは、コストがメチャクチャデカすぎるんです。それをやる体力はもう日本にはない。
40年前なら、まだその議論をする価値があったかな。「日本はこのままでいいのか。日米安保を見直すべきではないか」という議論は、40年前ならアリだったと思います。でも、もうすでに時遅し。日本は今のスタイルでやっていくしかありません。

西田 日本とアメリカは利害関係が複雑にからみ合いすぎて、短期的にはほどきにくいですよね。日米安全保障条約を基軸とする体制とは異なる路線も見つけにくい。普通に考えれば、日米安全保障条約をやめるとなると、自分たちの力で自国を防衛しなければいけなくなります。それはコストが極めて高くなる。

石丸 現実的に無理だと思います。

西田 防衛にコストを払いすぎると、当然ほかのところが賄《まかな》えなくなります。

石丸 そうです。ですから可能な限り、アメリカに良いトレードをしてもらう。「お安くしてください」という交渉が必要です。そのために、経済力や外交によって自国のプレゼンスを高めないといけない。

アメリカの後ばかり追っていたら、向こうのほうが立場が上ですから、常にジャイアンとスネ夫の関係になっちゃいます。たまには日本が活躍する場面を作っていかなければいけない。日本はソフトパワーが強く、民間産業には強さがあります。とりあえずわかっているのは、日本政府にアメリカと渡り合う政治力、外交力はないことです。

西田　現状では難しい。

石丸　たぶん無理です。それこそ政治家としてトランプさんと対面したときに、ギャフンと言わされるばかりじゃないですか。

歴史認識問題を超克し、日韓関係と日中関係を改善せよ

石丸　孫正義さんがトランプさんに会いに行ったのは頼もしかったですよね。

――トランプは孫さんのことを「マサ」と呼んでますからね。

2024年11月5日のアメリカ大統領選挙でトランプが勝利。12月16日、ソフトバンクグループの孫正義会長はトランプの私邸「マール・ア・ラーゴ」に招かれ会談。2人で記者会

見に現れると、孫会長は4年間で1000億ドル（15兆円）をアメリカに投資し、10万人の雇用を生み出すと表明した。

孫会長は25年1月20日の大統領就任式にも招待され、前夜の祝賀会ではトランプから「マサはグレートだ」とベタ褒めされている。

西田　周辺国との関係についてはどうですか。

石丸　協調的な関係を作り、心情的にみんなで仲良くやっていくことが実利につながります。日韓関係、日中関係、歴史問題はどこかの段階で乗り越えなければいけません。歴史問題でぶつかることは、お互い損するだけですからね。ただし相手方がいる問題なので、こちらから一方的にどうこうするのは難しい。日韓関係は少し前に改善のチャンスが訪れましたが、例によって韓国の政情不安によってかき消されてしまいました。

西田　日韓関係はゼロベースに戻ってしまいました。

24年12月3日、韓国の尹錫悦《ユンソンニヨル》大統領は戒厳令を発布。国会に軍隊が乗りこむ非常事態となったものの、国会で、憲法裁判所による大統領の罷免《ひめん》を求める弾劾《だんがい》訴追案が可決。25年1月19日、尹錫悦は内乱罪で逮捕された（刑事裁判が継続中）。

石丸　日韓の関係改善は再び遠のきました。ただし韓国と中国以外の国とは、日本はけっこううまくやれています。新興国、途上国では日本の評価はとても高いんですよ。国民レベルで「日本が好き」「日本人は好き」という国は多いんですよね。

超高齢社会を生き抜くための医療・介護

西田　経済について訊きました。外交と安全保障についても訊きました。次は再び国内に目を向けて、社会保障と福祉についてのお考えをうかがえますか。

石丸　社会福祉にはいろいろな分野があります。今一番ウェイトが高い分野は高齢者福祉、高齢者の医療・介護です。ここは歯止めをかけに行ったほうがいいと思います。高齢者はこれからさらに増え続けますからね。こういうことを言うと「世代間対立を生む」と批判されるわけですが、僕はそうはまったく思っていません。

今高齢者の方もいれば、将来高齢者になる自分もいる。自分よりもっと若い世代も、将来必ず高齢者になります。今いる高齢者だけを不幸にするわけではありません。日本が超高齢社会になっているという現実を、みんなで受け入れる覚悟を決めるかどうか。ここは全国民的に議論すべきだし、納得できるんじゃないでしょうか。

今ただちにマイナスの影響を受ける人は、拒絶反応を示して抵抗するかもしれません。でも、僕らだっていずれ高齢者になるわけです。

西田　若い世代は「自分たちが高齢者になるのはずっと先のことだ。今は考えなくたっていい」ととらえがちです。すると「今の年長世代は社会を圧迫している。高齢者の医療・介護への支出は削ったほうがいい」という声が強くなりすぎませんか。

石丸　そういう言い方をすること自体、間違っています。「違う違う。将来のあなたの話をしているんですよ」と言いたいです。今高齢者の医療・介護への支出を極端に抑えたら、将来自分たちも恩恵を受けられなくなり、医療サービスは限定されます。それでもいいんですか、という話です。

西田　そこを正面から問わないといけない。最近の社会保障支出削減派は逃げがちです。

石丸　そうです。

西田　有権者が自分事として考えられるように、そこをはっきり明示しなければアンフェアです。自分事として考えて議論すれば、政治家に批判が集まることが予想されます。だから政治家が議論から逃げていると思うんですよ。

石丸　おっしゃるとおりです。僕はリーダーの役割を「自らの責任でより良い未来を提示すること」と定義しています。その意味で、多くの政治家はリーダー失格です。だって責任を取ってないですからね。正面からそこを打ち出して問いかけ、選んでもらう。それこそがリーダーの役割です。選挙に落ちたっていい。リーダーの役割は選挙に当選することではありません。

みんな己の利益のために責任を取らず、未来を提示しない。だから（超高齢社会を生きる）未来を選択しようがないんです。僕は自称リーダーたちの政治に失望してきました。だったら自分がやってみよう。リスクを取って、より良い未来を提示しよう。そういう思いで今活動しているんです。

思想・信条が異なる人間と議論し、最適解を導き出す力

西田　政治家にとっても、直接的に自分に不利益となる事項について正面から議論するのは、難しい作業です。自分にとって不利益なことを、正面から公言するインセンティブはありませんからね。

小選挙区制は実はそういう形にできています。小選挙区で落ちれば、比例区で復活当選しない限り議員の仕事は続けられません。みんな選挙に落ちたくない。人気が出なくなる政策を主張したくなくなる仕組みなのです。

でも、さしあたり、小選挙区比例代表並立制を変えるのは容易ではない。その中で、自分にとって心地よくないことも正面から言える環境を整えるためには、どうすればいいのか。「再生の道」のように任期を最大2期8年で区切ってしまうのはいいアイデアかもしれませんね。8年後に退場することが決まっていれば、自分にとって不利益なことであっても言えるようになります。

石丸　どの道、8年後の先はない。すると自動的に覚悟が決まります。

リーダーにとって大事な資質がもう1個あります。「議論する力」です。聞こえが良

くない話でも、理路整然と話せば「そうか。あきらめないといけないこともあるんだね」と理解し、納得できると思うんですよ。議論できないやつがリーダーをやろうとするから、みんなに「幸せな国にしましょう！」「住み良い暮らしを！」と感情論で訴える。「それってどうやって実現するんですか」と反論されたら、答えることができない。みんな仲が良かったら、世界平和なんてとっくに訪れていますよ。でも、そうなっていないじゃないですか。

具体的にどうやって理想を実現するのか。多くのリーダーはロジカルに議論できず、綺麗事ばかり言っているのです。綺麗事にロジックは必要ないんですよ。

「再生の道」で重視するのは「議論する力」です。短期的には受け入れがたくても、長期的に見たら受け入れるしかない。そこを説得する力です。

西田　あるいは、二つの選択肢に見えているところに第3項を提示する。

石丸　そうです。安保について、自前でやるのかアメリカ依存で進めるのか。両方について理路整然と議論していくと、「このへんで間を取ってもいいんじゃないの」という折衷《せっちゅう》案が出てくるはずです。議論の末に、AでもBでもなくCがベストになるかもしれない。議論する力がないと、「AかBか、どっちかを選べ」「う〜ん、どっちも嫌だ」と二択で選びきれず、時間切れになってしまう。これは最悪です。

教育の供給サイドに予算を配分し、教員の給与を2倍に上げる

西田　教育についてはどうですか。どんな教育政策観をおもちでしょう。

石丸　ちょっとリスクをはらんだ表現ですけど、これからの日本にはエリート教育が必要です。日本はこれから小国になっていきます。人口が減っていくとなれば、シンガポールのようなスタイルを目指すしかありません。

西田　石丸さんはシンガポールがけっこうお好きなんですか。

石丸　「尊敬する政治家は誰か」と訊かれれば、リー・クアンユー（シンガポールの初代首相）と答えます。

西田　おもしろい。そうか。リー・クアンユーのイメージか。

石丸　当然彼の政策には批判もあり、是非が両方伴っています。それでも今のシンガポールのスタイルを築いた手腕はすごいし、結果が伴っています。シンガポールのやり方

をそのまま真似しようとは、もちろん思いません。そのうえで、シンガポールのような要素は日本にも必要です。

飛び抜けて優れたエリートが、上にドン！　と突き抜けることを許容していく。「こうしなければいけない」と画一的教育で固めるのではなく、「このフタは外せばいいんじゃない？」という意味のエリート教育を進める。「上に伸びる分にはどうぞ、どうぞ。すくすく育ってね」と伸ばしていく。

西田　たとえば飛び級を認める。

石丸　そういうことです。日本社会が良しとしてきた年功序列を教育の世界から取っ払うだけで、ずいぶん自由になります。そこがまず一つです。

もう一つは、そうは言っても日本という国、日本社会を維持しているかなりの要素は中庸《ちゅうよう》だと思います。平均値が高い。これは社会の安定に資する要素なので、大事にしたい。そのうえで、底が抜けてはいけないんです。エリート教育を思いきって進めるとともに、底が抜けないように下支えする必要がある。教育における二つ目のポイントは、公教育の充実と完備です。

今政府が進めている教育無償化が的を外していると思うのは、プライス（教育費）の問題じゃないからなんですよ。重要なのは教育の質の問題です。供給サイドのサービスの質が上がらず、質が悪いものをタダでもらったってうれしくもなんともない。質が高いものは、高いオカネを払ってでも受け取りたいですよね。それが本来の合理性です。ですから僕は教育の受け手ではなく、教育の供給サイドに予算を配分したい。

西田　おもしろい発想です。

石丸　需要サイドを無償化して補助金をバラまくのではなく、たとえば先生の給料を倍にする。そうすれば絶対いい人材が集まります。それから学校のインフラを全部アップグレードする。パソコンを使うなら、古いパソコンではなく全部最新版にする。これだけで教育への投資の効果も意味もグンと上がります。

「給食費無償化」と「授業料無償化」のウソ

西田　教育無償化の議論には少なくとも二つ問題があります。一つは、そもそも10 0%無償化にはならないことです。今野党が出している公立小中学校の給食費無償化案は、標準額を定めて標準額だけを支援するんですよ。標準額から漏れ出る分については、親の負担を認める形になっています。

それから、国立と私立の小中学校については、当分の間保護者負担にすることを明記してしまっているんです。「無償化」と聞いたら普通「自腹はゼロだ」と思うじゃないですか。ところがゼロじゃないんですよ。「国立や私立の学校に通っているとタダじゃない」と、むしろ明記してしまっている。

高校授業料の無償化についても、上限額を設けているのに「無償化」と言っています。大阪府でやっている無償化は、上限額が年間63万円です。だとするとやはりゼロではない。私立学校だと年間100万円くらい授業料がかかります。63万円では足りません。差額は普通に従来どおり保護者が負担する形なので、ゼロにはならないんです。ゼロにならないのに、なぜ「無償」と言うのか。意味がよくわかりません。

石丸　がんばっている大阪維新の会には申し訳ないですけど、あれは極めて選挙向けの対策だと思います。

西田　有権者の目を曇らせますよね。

石丸　「『タダです』と書いてあれば、みんな喜ぶだろう」と思ってやっているとしか思えない。さらに言うと、教育費や給食費の無償化は子育て世代の支援そのものですし、所得の再分配という意味はあります。でもそれをやったからといって、その家庭が豊かになる保証はまったくないです。だって教育の質は相変わらず悪いままですからね。
　だとすれば、義務教育課程で今より高度な教育が受けられるようにするべきです。高校は進学率がほぼ99%なので、高校も含めて高度な教育を備えるべきではないでしょうか。

1食あたり数百円　コストカットしすぎの学校給食

西田　今の学校給食って、ものすごく質素になっているんですよ。量も減っているし、品数も減っています。物価高だからです。
石丸　安芸高田市長を務めていた当時、給食を食べに行ったことがあります。すごく立派なメニューでした。でも都市部だと「えっ、戦時中!?」みたいに質素だったりします。メインのおかずはものすごくちっちゃくて、パンもちっちゃい。
西田　肉がどんどん減らされています。理屈は簡単です。そもそも給食の費用って、1

食あたりわずか数百円なんですよ。物価高騰が進む中、使える予算はすでに決まっている。しかも栄養に配慮しなければいけない。カロリー、タンパク質、ビタミンをなんとか配分しながら、使える食材は限られている。するとどうなるかというと、品数を減らすしかないわけです。

給食費を無償化しても、この問題は解決しません。むしろ給食費の価格を物価高騰に合わせて引き上げて、なおかつ保護者の負担を減らしていかなければいけない。給食費は必ずしもゼロでなくてもいいと思います。そもそも給食費は、生活保護世帯や準要保護世帯では昔から無償ですからね。負担できる余裕がある人たちには、給食費を多めに負担していただくのもいいとすら思います。

いずれにせよ、子どもたちはみんな腹いっぱい食えるようにするべきです。

――子どもがそんなひもじい思いをしているとは知らなかったです。

西田　先ほど石丸さんがおっしゃった供給サイドの改善とは、むしろそういうことですよね。低すぎる水準の給食費を適切に引き上げ、保護者の負担はリーズナブルにする。所得が低い世帯は、従来どおり給食費ゼロでいいでしょう。もっと負担できる世帯にはある程度負担してもらいながら、給食の質を良くしていく。

未払いの給食費を教員が取り立てる残酷

石丸 給食費の無償化は、安芸高田市がやってきました。家計の負担を減らすとともに、真の狙いは別にあります。これまたサプライサイドの話なんです。学校の給食費をどうやって徴収しているのか。実は学校の先生が集めているんですよ。未払いの家庭には「今月の給食費、まだお支払いじゃないですけど」と先生に督促させるんです。

1クラスに40人いれば、そういう家庭は一つや二つは必ずあります。先生はそれだけで莫大な時間を取られるんです。なんなら「ないものはないんだ！」と逆ギレされちゃう。こうした事情は、必ず子どもに反映されます。「ウチは給食費を払ってないんだ」と子どもたちが気づいてしまい、まわりの子からバカにされる。

こんなものは負のコストでしかありません。だったら給食費なんて全部税金で出せば、問題は一発で解決するんです。だから安芸高田市では給食費をなくしました。学校の面倒くささを一掃するために、給食費を無償化する。これが安芸高田市の狙いだったのです。

財源を移譲して子育て世帯に再分配したいという意図もありましたが、それよりサプライサイド、先生の負担をなくしたかった。だから給食費を無償化した。これが実情です。

西田　ここでも発想がおもしろいですね。捻《ひね》りが効いている。

石丸　単に「タダになってうれしい」と保護者が喜ぶだけだったら、僕は授業料無償化も給食費無償化もやらないです。

西田　学校の現場の改善につながることが、教育費無償化の主目的である。

石丸　そうです。根本は、子どもたちがおいしい給食を食べられるかどうか。給食がどうなっているか、大人は学校の現場で起きている事情を知らないんです。

西田　自分が学校に通っていたときの記憶のままですからね。

石丸　昔の記憶が脳内再生されているだけで、実態と認識がズレていることはけっこうあります。だから問題が改善されないんです。学校には先生たちしか大人がいません。その大人は少数ですし、公務員という立場上、あまり積極的に発言できない。受益者は子どもです。被害者は子どもです。保護者に限らず、子育てしていない大人も含め、もっとそこに目を向けるべきです。政治的なテーマとして、教育の質、給食の質を改善する必要があると僕はずっと思ってきました。

生きづらさを感じる子どもたちのための「スペシャルサポートルーム」

西田　中学生にしても高校生にしても、ガチガチに縛られ、なかなか声を上げて自由に発言しにくい雰囲気がありますよね。

石丸　エリート教育もそうですけど、子どもたちをもっと自由にしてあげるべきです。日本の同質性はあまりにも行きすぎています。「ダイバーシティ」という英語をわざわざ使わなくたって、もっと単純に「人間っていろいろいるじゃない」という当たり前に立ち返っていく。年齢が同じ男性であっても、人によって全然違うじゃないですか。その違いをみんなで認め合う。自分と他人は全然違うと認識する。

　小学校では「みんな仲良くしましょう」感の圧がすごい。「みんな仲良く」は聞こえがいい綺麗事で、実態に反していると僕は思っています。大人の理想を「みんな仲良く」という言い方でぶつけすぎているせいで、子どもは迷惑しているんじゃないですか。

――自分と他人は違うことが前提なんだから、折り合いがつかないことだってあるのは当たり前です。

石丸　そうです。安芸高田市では「スペシャルサポートルーム」（SSR／不登校や生きづらさを抱える子どもたちを支援する施設）という特別学級を作りました。社会性を身につけるために集団生活を送る。みんなにとってそういう教育が必要とは思いません し、集団生活が快適ではないと感じる子だっています。

西田　僕もずっと学校は嫌だったな。もう15年も大学教員ですが。

――僕は幻冬舎で、アスリートや起業家の本をたくさん作ってきました。大人になってから成功して突き抜けた人は、だいたい小学校時代に外れてますよ。一人で給食を食べさせられたり、廊下にずっと立たされたり、そもそも学校なんて行ってない人もいる。学校で普通だった人には、突き抜けたアスリートや起業家はほとんどいないです。

石丸　その方々は成長して成功されているけど、潰されている人のほうが圧倒的に多いと思います。可視化されている被害者は氷山の一角であって、学校のせいで沈められてしまった子どもは山ほどいるのではないでしょうか。

終章 大阪第2首都と九州独立計画

第2首都・大阪に都市機能を移転

西田　都市・地方それぞれを、これからどう設計していくか。この話題こそ石丸さんの本丸かもしれません。

――石丸さんのグランドデザインはぜひ訊きたいです。

石丸　「東京都知事になってから言おう」と思っていたビジョンがあります。東京都知事選挙にもう1回出馬する選択肢は引き続きありますけど、都知事になれない目もだいぶ出てきたので、そろそろ言っちゃおうかな。自分の頭の中に取っておく必要もないか。

西田　あれ……、どうなっちゃうんですか……!?

石丸　吉村さん（大阪府の吉村洋文知事）に直接お話ししようと思ってるんですけど、日本に第2首都を作ればいいんじゃないか。東京が首都であり、第2首都は即ち大阪です。

大阪都構想は2回失敗し、頓挫《とんざ》しました。最終的に大阪市民が住民投票をやり、僅差で否決されてしまった。大阪都構想に賛成する大阪市民は、二重行政が解消されて効率的になると考えました。一方で大阪都構想反対派は「これが実現したら自分たちの旨味が薄れる」と喧伝《けんでん》して回ったわけです。

「大阪都構想を実現した暁には、大阪が首都になれますよ」と言ってあげれば、市民の受け取り方はだいぶ違うんじゃないでしょうか。だって、大阪は今までなんとなく2番手についてきたわけですからね。大阪が第2首都と位置づけられれば、明確にほかの自治体とは違います。「これからは大阪が首都だ」と宣言して、首都機能の移転も実際にやっていけば、市民は喜ぶでしょう。大阪市民だけでなく大阪府民全体が「絶対やれ」と応援し、なんなら関西圏が全員応援すると思います。

災害リスクの高い日本にとって、都市部への一極集中は大問題です。災害のリスクへッジとして、全国民に向けて大阪都構想を問いかける。このやり方は、実は都知事選のときの僕の戦い方と一緒なんです。都知事を選ぶ選挙なのに、全国民の力を借りた。全国民の力を集めた。『新世紀エヴァンゲリオン』で言う「ヤシマ作戦」、『ドラゴンボール』で言う「元気玉」です。

西田　橋下徹さんはそういうやり方でしたよね。

石丸　このやり方を大阪でも使えば、みんなが関心をもって「行け！　やれ！　吉村さん、頼んだぞ！」と民意が変わるのではないか。もう1回大阪都構想を問えば、次は通る可能性が高いと思います。

「大阪を第2首都にする」であれば、全国的なテーマになります。ただし、これは維新のためではなく日本のためにやることです。一極集中を解消するために手っ取り早いのは、第2首都を作る。首都は1個でなくてもいいんですから。

福岡都構想と九州独立計画

西田　「第3新東京市」を作ったっていいですかね。

石丸　そうそう。かつて奈良でも京都でも、ちょいちょい遷都《せんと》をやっているんですよ。その都度新しい首都が生まれ、繁栄し、奈良・京都は歴史的に大事にされてきました。

そう考えたら、東京にこだわる理由がなくなります。皇居が京都にあった江戸時代も、東京が事実上の首都でした。そろそろ首都を別に増やしたっていいじゃないですか。大阪を第2首都にしてもいいし、福岡を第3首都にしてもいい。福岡市の高島宗一郎市長を、僕は勝手に応援しているんです。高島さんには「福岡都構想」に挑戦してほしい。

――今のお話を聞きながら、素人目線ではメチャクチャワクワクして理にかなっていると思います。西田さんから見ると、今の意見はどうですか。

西田　おもしろいと思う一方で、正直に言えば「第２首都って何だろう」と思いました。大阪府と第２首都は、名前以外に何が違うのか。そこはどうでしょう。

石丸　そもそも首都の定義が諸々《もろもろ》あるらしいです。一つは天皇が御座《おわ》す場所です。皇居は東京都千代田区から移転する必要はないと思いますけどね。世界的には、政府がある場所が首都らしいです。日本で言えば国会議事堂ですよね。

西田　なるほど。皇居は今のまま移転せず、国会議事堂を大阪にもっていっちゃう。

石丸　北海道と沖縄の位置を考えたら、日本の中心って大阪あたりじゃないですか。

西田　外務省や文科省といった省庁は東京にあり、国会議事堂は大阪にあり、国会議員は大阪にいる。

石丸　政府＝内閣ととらえるのであれば、国会議事堂は東京に残して省庁を全部大阪に移すのもいいと思います。昔と違って、今はリモートでいくらでも連絡を取り合えるから、イケるんじゃないかな。

西田　技術的にはリモートワークはできるんですけど、制度的には現状、国会審議をオンラインではやれません。対面主義のため、事実上できない状態になっています。

石丸　国会の運用ルールがあるんですよね。

西田　それぞれの議会の規則があって、デジタル化は進んでいないのが現状です。でも、石丸さんの発想ではいずれにせよ、議会なのか省庁なのか、どちらかを大阪に移してしまう。

石丸　首都機能の移転・分散の議論をするにあたって、国会議事堂を大阪に移転するなんて小さな話です。第2首都を作る気運が高まったら、最高裁判所をはじめ司法の中枢をゴソッと大阪に移転したっていいんじゃないですか。

日本の法律事務所の有名どころは、だいたい東京にあるんです。それが大阪に移るだけで、経済的に大きな効果があるでしょう。

東京都千代田区に三大メガバンクが集中するリスク

石丸 大企業の本社も、東京からどんどん移転するべきです。こういう言い方をしては申し訳ないですけど、「銀行は千代田区に本社を置くな」と言いたい。三大メガバンクの本社は、みんな千代田区にあるんです。三菱UFJ銀行も三井住友銀行も、本店は千代田区丸の内です。みずほ銀行の本店は千代田区大手町にあり、丸の内本部もある。せめて八重洲に行けと思いますよ。

大地震が起きて1カ所ビルが倒れたら、マジでドミノ倒しみたいに壊滅しそうな位置にあるんですよ。せめて1行だけでも関西に本社を移転するだけで、金融システムの頑健性、ロバストネスは高まります。とりあえず日銀（日本銀行）を動かしましょうか。

西田 日銀が関西に行けば、自動的に銀行がゾロゾロ関西に移転するでしょうね。

——移転先は福岡でもいいですよね。

石丸 実は福岡は、津波や地震のリスクが低いのです。何より地理的にアジアにとても近い。これから日本がシンガポールを目指していくのだとすれば、立地も大事なポイントです。

西田 福岡空港と福岡市の中心部はメチャクチャ近いのも利点です。

石丸　そうそう。コンパクトシティの福岡は超便利なんです。

――スタートアップも多いですよね。

石丸　福岡の地理的利点を生かし、九州が独立を目指してもいいかもしれません。九州の人と話していると、たまにそういう意見を言われるんですよ。独立するためには首都が必要です。「九州の人民よ、立ち上がれ」と呼びかけて福岡都構想を実現し、日本政府から独立したらおもしろいと思います。

――世界的に見て、第2首都、第3首都を作った例はあるんですか。

石丸　聞いたことがないですね。僕がイメージするのはブラジルの首都ブラジリアです。ブラジリアは人工的に作られました。何もない高原地帯に新しく都市を作り、そこに三権（立法権＝国会、行政権＝内閣、司法権＝裁判所）を置いているんです。あそこは飛行機に乗らないと行けないような辺鄙《へんぴ》な場所なんですけど、三権があるがゆえに街になっています。

ブラジリアのように都市をイチから作ることまでやらなくても、日本国内には大阪というインフラ、ベースがすでにあるわけです。そのインフラを効率的に使えばいい。東京一極集中が密すぎて、効率性が落ちていると思うんです。東京都心は物価も地価も高すぎる。

大阪でも梅田や新大阪はちょっと混みすぎですよね。高槻《たかつき》とか、少し離れたところに第2首都を置くのがいいんじゃないですか。奈良寄りの場所に第2首都を置いたら、奈良の人は大歓迎してくれるはずです。

「京都大学＋大阪大学＝京阪大学」設立構想

西田　今のお話だと、東京が過密で、東京圏にすべてが集中していることが好ましくないと思っていらっしゃるのでしょうか。
石丸　放っておけば、東京の過密状態はまだまだ続きます。日本の人口が今以上に増えることはありません。2040年に向けて少子高齢化は進み、現役世代はどんどん減っていきます。ならば今から次の手を打ち始めたほうがいいと思うんです。
西田　ということは、基本的に分散志向でいらっしゃる。
石丸　はい。日本のリスクヘッジ、さらには生産性と合理性を高めるために、首都機能は分けたほうがいいと思っています。

第2首都ができた暁には、東大を超える大学を大阪に作るべきです。こういう言い方は申し訳ないですけど、京大と阪大は中途半端な形になっています。ならば両者を「京阪大学」としてまとめてしまえばいい。

西田　「京阪大学」に名前を変えたら、それぞれの大学が怒っちゃいますけどね。

石丸　予算をしっかりつけて、東大以上の大学として整備すればいいんです。そこに意志と能力がある学生が入ってくれれば、東大を超えます。東大を超える予算をつけて、東大を超える研究開発を進める。そうすれば最強の大学ができるんじゃないでしょうか。京阪大学を第2首都の象徴にすれば、世界から人が集まります。

西田　大学ランキングは規模がモノを言うんですよね。日本の大学は、基本的に規模が小さいんです。“Times Higher Education”（イギリスの教育情報誌）が毎年「世界大学ランキング」を発表しています。このランキングで100位以内に入っている日本の大学は、東大と京大だけです。東大も京大も阪大も、なんなら僕が以前勤めていた東工大（東京工業大学、現・東京科学大学）も含めて全部一緒にしてしまえば、世界ランキングの中で相当上位の大学ができあがります。それを大阪に置いたっていいかもしれない。

石丸 その大学を、SFC（慶應義塾大学 湘南藤沢キャンパス）の巨大バージョンにしていく。

西田 ちなみにシンガポール国立大学は、もともとあったローカルな大学をくっつけて作られました。南洋理工大学（Nanyang Technological University）も同様のやり方で作られた大学です。両者はともに世界ランキング上位にランクインしています。

――大学ごとの多様性は変わらず維持する。

西田 共通のラベルを貼って大学を合体し、事務部門を集約して効率性を高める。さらに言うと、シンガポールの大学はアメリカの有力私大の分校の誘致を進めてきました。ハーバード大学やMIT（マサチューセッツ工科大学）のキャンパスをシンガポールに誘致してきました。

石丸 京阪大学創設は、政治的に極めて困難です。なぜならば、みんな統合を嫌がるんですよ。統合すれば新たな競争が起き、上に乗っかられる。マウントを取られるのが嫌だから「オレは自主自立だ！」と言い張って自分の縄張りを守る。京阪大学を新しく作り、そこに東大から人を引っこ抜くやり方が一番手っ取り早いんじゃないでしょうか。

第2首都に京阪大学を備えて、そこから日本を立ち直らせる。この革命を吉村さんに起こしてほしいと思います。

石丸伸二の約束「自分より下の世代には割を食わせない」

―― 今の日本って、誰かがメチャメチャ邪悪なやり方で得して、誰かが損しているわけじゃないと思うんです。単純に全員貧しくなっている。この現状をどうするのか。とても難しい話です。石丸さんとしては、何を削る選択肢がありえますか。

石丸 上の人間の未来を削る。逆に、下の世代に未来を残したい。僕はもう日本から十分恩恵を受けたので、少なくとも自分より下の世代には割を食わせたくありません。

西田 「上の人間」と聞くと高齢者をイメージしますけど、石丸さんも「上の世代」に含められているわけですね。石丸さん（1982年生まれ）より下の世代に恩恵を振り分けるという認識で間違いありませんか。

石丸　そうです。自分より下、自分基準で考えています。だって上の世代には、今の社会を作った当事者としての責任があるじゃないですか。だったら、これからはその世代が我慢する道を選ぶべきです。

逆にまだ選挙権すらない学生たちには、最大限財源を仕向けなければならない。これから社会に出ていく子どもたちは、僕らが経験した就職氷河期なんていうレベルとは比にならない大変な境遇に置かれます。国内マーケットも国内企業もどこも全部弱い。どこに就職すればいいのか。外資系企業に就職するのか、海外に行くのか。就職一つとっても、今までよりメチャクチャハードルが高くなるのです。

だとすれば、割を食って負担を受け止めなければいけないのは、僕より上の世代です。自分の世代が、ちょっとでも多く負担を受け止めたい。負担とツケを、僕より後ろの世代に漏らさない。それが僕の意思決定です。

アントニオ猪木　**「この道を行けばどうなるものか。危ぶむなかれ」**

石丸　ほかの場所で話したことがないエピソードを、最後に1個紹介します。政治団体

「再生の道」の名前の由来です。「道」と聞いて、皆さん端的に何か思い出しませんか。「再生の道」を立ち上げるにあたって坂本龍馬を意識したことは、この対談の中ですでに一度しました（第5章）。司馬遼太郎の『坂の上の雲』にももちろん影響を受けているんですけど、実は「道」というキャッチフレーズの由来はアントニオ猪木なんです。「危ぶむなかれ」というアレです。

――対談の最後に、まさかの猪木をぶっこんできた。

西田　「行けばわかるさ」

1998年4月に引退試合に臨んだアントニオ猪木は、リング上で次の一節を詠んだ。

「この道を行けばどうなるものか。危ぶむなかれ。危ぶめば道はなし。踏み出せば、その一足が道となり、その一足が道となる。迷わず行けよ。行けばわかるさ」

石丸　猪木の言葉を思い起こしながら「道って大事だよな」と気づいたんです。もう1個だけ言うと、日本には「××道」がたくさんあるじゃないですか。茶道、武道もそうです。日本人は「道」という感覚が好きなんじゃないでしょうか。

――たしかに、武道はスポーツがただうまくなることを追求するのではなく、その道を究め、深めていく意味合いがあります。「再生の道」も、今回の都議選がどうのこうのというよりも、中長期で政治の道、政党の道を深めていく。

石丸　そうですね。絶えず更新されていきます。

玉木雄一郎よ、首を洗って待っておれ

石丸　もともと何もなかった山や野原で、人がたくさん往来するようになった。そのことによって街道が生まれてきました。「道」とは極めて人工的なものです。

「道」は時代を超えて将来世代にまでつながるし、将来世代は受益者になります。東名高速道路にしても、昔の街道の名残じゃないですか。最初に道ができ、都市が発展してきた歴史があります。そのことを考えながら「『道』ってけっこういいんじゃね？」と思ったんです。

西田　踏みしめていくイメージですね。

石丸　そうそう。「道」という言葉は、いろいろなニュアンスにつながります。だから「再生の道」という名前を揶揄《やゆ》したやつは絶対許さない。

――玉木さん（国民民主党の玉木雄一郎代表）が揶揄してませんでしたか。

石丸　してましたね。表では一切触れてないですけど、次に玉木さんに会ったときに絶対シバきます。玉木さんはまったく油断していると思います。「再生の道」を揶揄したことを僕が知らないと思っているか、もう受け流していると思っているのでしょう。

――石丸さん怖いな。その瞬間は言わないんだ。

石丸　塩村あやかさん（立憲民主党の参議院議員）をシバいたのと一緒です。僕を攻撃しておいて、反撃されないわけがないじゃないですか。

――忘れたころに反撃が来るんだ。

石丸　相手が絶対避けられないタイミングで渾身の一撃を打ちこむんです。

　衆議院総選挙投票日の2024年10月27日、フジテレビの選挙特番『Ｌｉｖｅ選挙サンデー超速報ＳＰ』に石丸伸二と塩村あやか議員が生出演。塩村議員が石丸について「不健全な市長」と書きこんでいたX投稿について、生放送中に厳しく追及した。

石丸 一撃を打ちこむことには、ちゃんと目的意識があるんです。塩村さんのような人をシバいて憂さ晴らしをしたいわけではありません。間違ったことは訂正させる。間違ったことは二度と言わせない。見せしめのためにシバくんです。

西田 怖いですね。

石丸 「皆さん、誹謗中傷や揶揄は絶対やっちゃいけないんですよ」と、公衆の面前で思い知らせる。玉木さん、首を洗って待っていてください。

――ReHacQでこの対談の動画が流され、本が発売されるころには、もう首を斬られているか。まだ石丸さんがネタを温めているか。

石丸 まだかもしれないですね。

西田 いやあ、おもしろかった。

石丸 今回の対談で、西田さんや箕輪さんからいろいろ質問していただきました。僕は何を大事にしてきたのか。これまでいろいろシミュレーションして結論を出してきたつもりでしたが、完全に言語化はできていなかった。「ああ、自分ってこういうふうに考えていたんだ」と自分の考えを言語化する機会をいただきました。

西田　ReHacQの動画を皆さんがご覧になり、この本が発売されるころ、いったい世の中はどうなっているでしょうね。

――（「再生の道」の存在や仕組みを日本中の誰もが知って）「今さら何言ってんの？」となるような事件が起こっているかもしれない。

石丸　そうかもしれませんね。

――それはそれで、2月8日時点の記録としておもしろい気もします。

西田　いずれにせよ、石丸さんとの対話は本当におもしろかった。大いに刺激を受けました。ありがとうございました。

解説　「再生の道」はすでに「成功」している？

西田亮介

細川護熙「権不十年」に重なる「2期8年」

現代日本政治の変革は、たびたび地方からもたらされてきた。

１９９０年代に、国内政治の基調となってきた自民党と社会党、その他の政党が少数で対峙する「55年体制」を終わらせた細川護熙は、その2年前まで熊本県知事であった。彼の呼びかけが非自民・非共産8党派連立政権の要となる日本新党の結党に結実した。93年の第40回衆議院総選挙で躍進し、35議席を獲得。38年ぶりに自民党下野が実現した。本書執筆時点で、その後も自民党からの政権奪取は、２００９年から12年末まで存在した民主党政権しかなしえていないことは、読者の皆さんもご記憶のとおりである。

「再生の道」は、実は、こうした近い過去の取り組みとよく符合する。本文中でも繰り返し石丸氏は独自に現状を分析して構想したと述べている。その構想は、筆者のような研究者には、まったく新奇なものというより、近過去の様々な取り組みが、姿を変えて、今風にいえばアップデートして舞い戻ってきたかのように映る。それが刺激的だ。

たとえば、「2期8年まで」という看板ともいえる主張は、細川護熙が述べた「権不十《けんぷじゅう》年《ねん》」と重なって見える。

細川の著書のタイトルともなった「権不十年」とは、権力に10年もしがみついてはいけないということを意味する。言葉どおりに細川は知事の座を2期で退き、政治とカネの問題で世間に政治不信が蔓延する中で国政に打って出た。1992年の参議院議員選挙では、細川やテレビ東京のキャスターだった小池百合子ほか4名が議席を獲得。翌年93年の東京都議会議員選挙で20議席を獲得し、同年衆議院総選挙でも35議席を獲得し細川が首班指名を受けている。

地方政治が国政にダイナミズムをもたらしてきた

日本現代政治と地方政治の挑戦を概観してみよう。

90年代から2000年代の初頭にかけて改革派知事が相次いで誕生した。橋本大二郎高知県知事（1991年〜2007年）、片山善博鳥取県知事（1999年〜2007年）、北川正恭三重県知事（1995年〜2003年）、浅野史郎宮城県知事（1993年〜2005年）などがよく知られている。

彼らは共通して、情報公開、自治と政策のあり方、国と地方の関係、選挙の戦い方の現代化などに強い問題意識を有していた（浅野史郎・北川正恭・橋本大二郎『知事が日本を変える』文春新書、02年）。

00年には、作家の田中康夫が長野県知事選に無所属で立候補、批評家・浅田彰が応援、評価したことでも知られているが、市民派選挙運動を展開し、地元で本命視されていた候補を破って当選した。長野県政は知事の多選が続き、不透明と言われてきたが、田中は透明化の象徴として「ガラス張りの執務室」を実現させた（その後、後任知事の手で廃止された）。メディアで活躍してきた田中はその行動原理を熟知し、「ガラス張りの執務室」のようなシンボルをメディアが好むことをよく理解していた。またボランティアを組織化するにあたってインターネットを活用したことも知られている。

お笑い芸人のそのまんま東（東国原英夫）は、不祥事で芸能活動を謹慎している期間に早稲田大学で学んだことなどをきっかけにして07年に政治家に転身、宮崎県知事選に挑戦し当選した。官製談合による現職知事の辞職・逮捕をきっかけとした知事選挙で、知名度を背景に「どげんかせんといかん」というキャッチフレーズのもとで「しがらみのなさ」を強調する選挙運動を繰り広げた。

郵政民営化の是非が問われた05年の衆議院総選挙、いわゆる「郵政選挙」は小泉元首相の「劇場型政治」の象徴と目されたが、東国原はその政治活動を自ら「東国原シアター」と称した（共同通信社宮崎支局『総理を夢見る男　東国原英夫と地方の反乱』梧桐書院、10年）。

さらに橋下徹と、現在も続く大阪維新の会／日本維新の会がある。橋下徹は08年にタレント弁護士から転身して大阪府知事となった。10年には、自民党大阪府連を飛び出した松井一郎や浅田均《ひとし》らと地域政党大阪維新の会を設立する。

筆者は維新の個別の主張や政策、万博誘致等については必ずしも賛同するものではないが、少なくともおよそ10年（以上）にわたって、日本政治に類《たぐい》まれなダイナミズムとアイデア、エネルギーを提供したことは評価している。

大阪維新の会／日本維新の会は、「大阪都構想」の実現を掲げ、国政にも進出し、民主党政権のもとで、特別区の設置と住民投票を実施する大都市地域特別区設置法を成立させ、二度の住民投票を実施した。大阪という地方を変革するために、少数政党でありながら「期待感」を背景に、法案への合意を取り付けた。

日本の国会は少数政党にとって厳しい仕組みになっている。というのも、国会議員が法律案を提出するには、衆議院では20人以上（参議院では10人以上）の賛成者が必要で、さらになんらかの予算措置を伴う法律案は、衆議院では50人以上（参議院では20人以上）の賛成が必要だからである。少数政党は法案提出すら難しいのが現実だが、維新は自らの主張を具体化し、住民投票にこぎつけたのである。

住民投票は否決に終わり、維新の創立者であり、看板でもあった橋下徹は、事前の公約どおり政界を引退した。それでも維新は代替わりを果たし、本書執筆時点において、大阪においては府と市の首長、それぞれの議会の過半数、衆議院のすべての小選挙区を押さえるなど、圧倒的なまでの政治的存在感を見せている。

25年時点の国政では、30年ぶりに与党が少数派になる「ハング・パーラメント（宙ぶらりんの議会）」が生じ、その中で維新は国民民主党と並んでキャスティング・ボートを握り、教育無償化をはじめとする自らの主張を強調し、支持の広がりと勢いこそ欠くが与野党を揺さぶるなど、やはり一定の存在感がある。

10年にわたって維新が日本政治に大きな刺激を与えてきたことはやはり特筆すべきであろう。

維新と同時期の10年には、「減税日本」が誕生した。地方にありながら、「減税」を極めて強く打ち出す、シングルイシュー的な珍しい政党だ。最近では名古屋市長を務めていた創設者の河村たかしが、日本保守党から衆議院総選挙に立候補し、国政進出を果たした。

地方政治の挑戦から広がる日本政治の可能性

１９９０年代の改革派知事たちは県政の透明化や情報公開、経営者的発想、それらによる組織改革に関心を寄せてきた。それらは、当時、政権担当能力をもった本格野党として期待を集めた民主党を経由して、政治における百花繚乱的な「政策集」から簡潔で明確な「マニフェスト」の普及へと結実した（最近は停滞か、むしろ後退し「政策集」に先祖返りしてしまったが）。

政治における無党派層の組織化と関心を引くことの重要性は広く認知されており、維新や「減税日本」のように地方政党から国政政党（的）に脱皮しようと試行錯誤を続けるケースも生まれている。

当選という形でわかりやすく成就しなかった例もある。世界的に著名なコンサルタントであり、日本を代表する知識人としてもその名を知られる大前研一も、90年代に平成維新の会を立ち上げた。東京都知事選や国政選挙において、ユニークな政策や主張を掲げて政界進出を試みた（「再生の道」における重複所属と似たアイデアなども提示されている）。2014年、東京都知事選挙に立候補した起業家・家入一真は、ネットを駆使して約9万票を獲得した。24年の同選挙では、AIに詳しい安野貴博が15万票を集めた。だが、それらのほとんどは失敗に終わっている。

地方政治の多様な姿や挑戦を理解することは、現在の、そして将来の日本政治の可能性を広げることにつながるはずだ。

なぜ共著を出そうと思ったのか

本書で議論を戦わせてきた石丸伸二氏と「再生の道」は、こうした日本の地方政治の文脈において、最先端に位置づけられる存在である。当選にこそ至らなかったとはいえ、得票数は前述事例と比べても多く、特筆すべきである。

いったい石丸氏は何を考え、何をしようとしているのだろうか。

この解説の目的は、少しまとまった形で石丸氏と「再生の道」の挑戦をより正確に理解することにある。対談パートのあとに読んでいただいても、本解説を先に読んでいただいても、支障のない内容になっている。

一言だけ自己紹介しておくと、筆者は博士の学位をもち、社会学を背景に、これまで政治とメディアに関係する分野で研究をしてきた。研究だけではなく、15年近くコメンテーターを務め、新聞社の第三者委員会、総務省や厚労省での規制実務、ジャーナリズムの表彰選考、偽情報対策、メディアの業界団体の学術顧問を務め、また安倍元総理の国葬儀の評価や、政治とカネをめぐる改革についての国会での意見陳述などを手掛けてきた。

石丸氏とはReHacQでの番組共演で知遇を得て、共演の回数を重ねてきた。市長時代の安芸高田市や、伊豆大島などに旅ロケにも行った。たまたま筆者がSNSに共著を書きたいと投稿し、それを幻冬舎の編集者・箕輪厚介氏が見つけ、石丸氏に快く引き受けていただいたことで、本書は生まれた。

なお共著を刊行するということから、筆者と石丸氏の親密さを疑い、中立さを懸念する声もあるかもしれない。共著の出版に筆者の研究上の利益相反の問題はないが、道義上の利益関係があることは明らかだ。

ただし、無宗教無信仰で、自身では労働組合にも加入していないが、連合や、自民党・公明党とも仕事をしてきた、いわゆる積極財政や社会投資政策を重要視する筆者の政策的志向と、石丸氏のそれはかなり異なっている。そもそも筆者は都内在住で、かねて東京圏への集中を主張し、子育て中であることから、財政に余裕がある東京都の手厚い子育て支援政策には——その過程や政治的振る舞いの問題はさておくとして——それなりに満足している。したがって、都政における未知数の改革はそれほど望まない、文字どおり生活保守主義的な立場である。

したがって、筆者は、石丸氏の構想を全面的に支持するものではないし、ましてや「ブレーン」などではないのである。本文中でも強調されたように、「再生の道」の構想は石丸氏が自身で構想したアイデアだ。

しかし、筆者もまた日本と日本政治の先行きには懸念や閉塞を感じている。

それだけに、「再生の道」の構想の理想主義と現実主義の絶妙な配合具合を、読者と同じ立場で初めて配信動画で目にしたときに、強い関心が湧き、好奇心をもったのである。

石丸氏の市長時代の仕事について、筆者は複数回、懐疑的な新聞コメントを出している。そして当時の石丸市長は、それについて批判的に言及した。

ところが幸いにして、前述のような縁で石丸氏と直接、対話と議論を重ねる機会に恵まれた。そこで今回の議論を通して得た、石丸氏についての筆者なりの理解を、本解説によって読者ともシェアしたいと思っている。

自分と異なる他者を理解するのが自由民主主義の原則

筆者が専門とする社会学は、伝統的に、近代社会の中で異なった生活を送り、異なった価値基準をもつ「他者の合理性」を理解することに関心を向けてきた。

現在では、「皆がバラバラである」ということが、あまりに当たり前のように感じられるかもしれない。だが、そのような社会が成立したのは、いわゆる自由民主主義国においてもせいぜいがこの150年の話である。今でも独裁国家や権威主義国家など個人の自由が認められない社会は存在し、自由民主主義の社会も内部に多くの課題を抱えている。皆がバラバラで、自由で、豊かに暮らせる社会というのは決して当たり前のことではない。

社会の近代化に伴って、十分とは言えないかもしれないが、人々の生活や移動の範囲、自由度は拡大し、ビジネスの範囲も相当に拡大した。服装や食生活、生活の場所や住まい、職業を選択できる時代が訪れて、初めて人はバラバラになれたのである。

だが、人々の生活や生き方がバラバラになり、自分の理解できないことが増えると、それを知りたくなるのが人の世の常である。「異なる隣人」に対する想像力とも言える。

そこで登場したのが、社会学だ。自分とは異なる隣人たる者が何を考え、どのように振る舞おうとしているのか、そこにはどの程度の一般性があるのか、どの程度特殊なことなのかを観察するのが社会学という学問である。

そのような観察と理解は、他者と共生するための助けにもなると筆者は考えている。社会の中で、自分とは価値観や主張が異なる他者となんとか折り合いをつけ、暴力や排除によることなく共生するあり方を、言論を通じて模索する。最近は世界中で大きなゆらぎが生じている。そのためいささか心もとない事態になっているが、本来はそのような営みこそが自由民主主義であり、近代社会の大原則でもあったはずである。

日本のネット選挙運動における様々な不合理

石丸氏と「再生の道」に話を引き寄せてみよう。

「常識的な日本政治」を知る人ほど、石丸氏や「再生の道」に強く違和を感じ、非難している印象がある。だが、同時に、一方では「石丸現象」と呼ばれるほどの熱狂が生まれている。それはなぜなのか。

石丸氏と「再生の道」を語るうえで欠かすことができないのがインターネットであり、動画である。そのこともまた猜疑心という火に油を注いでいる。

その適切な評価のためには、前述の地方政治が国政に及ぼした影響とともに、ネットと日本政治の関係を理解する必要がある。

本来、インターネット利用のポテンシャルは地方、周辺でこそ発揮されるものだが、歴史的に見て日本のインターネットは都市的な存在であり続けてきた。石丸氏と「再生の道」の歩みは、その凝り固まった構図に対する挑戦ともいえる。

1995年はしばしば「日本のインターネット元年」と呼ばれる。そこから18年を経た2013年に公職選挙法が改正され、ようやくインターネットを使った選挙運動が相当幅広く解禁されることになった。

日本ではネット選挙運動は従来の「文書図画」を用いた運動に位置づけられている。そのことから、電子メールでは一般的な文書図画についての厳しい規制が適用される一方で、公選法改正当時に一般的でなかったLINEやユーチューブは規定がないため相当自由かつ柔軟に利用できるという、不合理な規制になってしまった。

ネット選挙運動解禁直後から、様々な選挙の挑戦が登場し、発展してきた。国政選挙で初めてネット選挙運動が適用された13年の参議院議員選挙では「選挙フェス」が行なわれた。

今でもリベラル陣営の選挙運動で見られるが、ミュージシャンらによる「ライブ風」選挙運動を生配信し、ネットと現地双方を盛り上げようとする運動だ（プロミュージシャンによるライブが饗応《きょうおう》や買収に当たるのではないかという批判は根強くなされている）。山本太郎とミュージシャンの三宅洋平は、「東京選挙区は山本太郎に。比例区は三宅洋平に」と呼びかけ、山本が当選。三宅は落選候補者中で最多票数を得た。

10年代には、若者を中心とするＳＥＡＬＤｓが市民団体らと一緒になって野党陣営の選挙運動に関わった。若い世代の感性を生かしたハッシュタグや投稿が話題になった。

22年参議院議員選挙では、ＮＨＫ党が多数の候補者を擁立して比例票を掘り起こし、ネットで人気を博したガーシー氏が議席を獲得した。当時、ガーシー氏はドバイ在住で、日本に一度も帰国しないまま選挙運動を展開した。ボランティアの組織化をはじめ、ネット選挙運動の新しい、しかし必ずしも制度が想定しない活用（ハック）が広く社会で認識された契機となった。

24年も、多くの選挙が行なわれた。東京都知事選、衆議院総選挙、兵庫県知事選、名古屋市長選などで、他候補を応援する「2馬力選挙」、切り抜き動画の投稿などにより第三者を儲けさせる「収益化」が問題となった。これらは、公選法の精神に抵触することは明らかでありながら、具体的な事件性の定義が難しく、また収益化をオフにすることと民間事業者に大きな負荷をかけることなどから、速やかな規制の合意や設計は困難で、その結果、様々なハックが多用されることになった。

それを受けて、25年の通常国会では、鳴り物入りで与野党から公選法改正が提起された。だがフタを開けてみると、規制の主眼は、「選挙ポスターにおける品位を損なう内容の記載の禁止」にとどまっている。肝心のネット選挙運動については、本書執筆時点では、SNSによる誹謗中傷について法的拘束力のない附則で言及されているに過ぎず、なんら解決しないまま先送りされる見通しだ。25年の都議会議員選挙や参議院議員選挙も、これまでとそれほど変わらない環境で執り行なわれるはずだ。

次代のネット選挙運動の寵児としての石丸氏

石丸氏は明らかに次の時代のネット、そして動画配信の時代の寵児《ちょうじ》である。やや失礼だが、広島県安芸高田市という人口でいえば3万人に満たない小さな自治体の首長を1期務めたという政治経験で、議会との対立などにより全国から強い関心を集め、マスメディアからもしばしば批判にさらされてきた。そこからの支持の高まりが、ネットで、SNSで、動画で話題を集めたからだ。

2024年の東京都知事選では約165万票を獲得した。東京都の人口は約1400万人で、ちょっとした国家並みの存在だ。その首長選で、蓮舫氏の2010年における参議院東京選挙区での過去最高得票数170万票に迫り、その蓮舫氏を破って2位につけたわけだから、政治に詳しい人ほど驚くことになった。東京都議会の定数は127人。それに対して安芸高田市議会の定数は16人。人口だけでなく議員の数を比べても、安芸高田市と東京都は著しく異なるスケールの自治体だからだ。都知事選後もその熱は冷めていない。テレビにネットに引っ張りだこだ。

25年6月に行なわれる東京都議会選挙における「再生の道」の選挙運動も、ネット、それも動画を中心にしたものであり、それ自体は、公選法上の違法性の懸念はない挑戦だと筆者は理解している（都知事選における公選法違反疑惑については後述する）。

選挙制度は、日本の場合、慣習的に政党合意で改正されるため、選挙制度を所掌する総務省は極めて受け身だ。25年夏の参議院議員選挙においても公選法の実効的なルール改正が見込めない中、都議選におけるクリーンなハックは、むしろ歓迎されるものではないだろうか。

石丸氏の毀誉褒貶が激しい理由

それにしても石丸氏は毀誉褒貶《きよほうへん》の激しい政治家である。少しネットを開いてみれば、多くの賛否を見つけることができる。

石丸氏はテレビの地上波などで、しばしば、はっきりした口調で、コメンテーターや記者などと対立することがある。しかしながら石丸氏の名誉のために付け加えておけば、いわゆる「口が悪い」政治家ではない。残念ながら現在では、氏よりも激しい口調で、暴論、罵詈雑言《ばりぞうごん》を平気で口にする政治家が、決して珍しくはないからだ。

では、なぜ極端に賛否が分かれるのだろうか。

筆者は、一つには「語彙の違い」が大きいのではないかと考えている。石丸氏が考え、標榜する「政策」「主張」「打ち手」などの言葉は、至極、平易でありながら、一般的なそれらの使い方と大きなギャップを抱えていることが少なくない。しかし、それらは現在の政治から離れている層――同時に、現代日本社会における多数派でもある層――、政治的な言葉でいえば無党派層の人たちにとって身近なものであるように工夫され、発せられている。

そのため、これまでの「政治の常識」に慣れ親しんでいる人ほど強い違和感を覚え、政治から縁遠かった人ほど親近感を覚えるのではないだろうか。

「再生の道」には「政策がない」という誤解

「誤解」もある。

代表例が、「政策がない」である。報道では「2期8年」のほかに政策がないという点が批判的に報じられた。だが、実際には1回目の記者会見の時点から政策は語られていた。

〈地域政党として、広く国民の政治参加を促すとともに、自治体の自主性・自立性を高め、地域の活性化を進める。〉という「目的〈Purpose〉」である（巻末資料参照）。

あまりにあっさりしていて、定性的だと感じる向きもあるだろう。

しかし、他の地域政党と比較しても、実はそれほど違和を感じるものではない。というのも、他の地域政党も、国政政党の地域支部も、国政で見せるような定量的な本格政策は用意していないか、少なくとも広く周知する姿勢を取っていないところが大半なのだ。

「都民ファーストの会」「減税日本」の場合

たとえば「都民ファーストの会」がウェブサイトで強調しているのは、明らかにその綱領である（綱領がトップページからリンクされるのに対し、政策は、トップページの奥の「ニュース」欄で、他の話題にほとんど埋もれるように掲載されている）。あまりに長いので、一部だけ抜粋しておくことにする。

◇都民ファーストの会「綱領」

（略）

今こそ「東京大改革」の旗を私たちは掲げる。

「東京大改革」とは、首都東京を、将来にわたって、経済・福祉・環境などあらゆる分野で持続可能な社会となりえるよう、新しい東京へと再構築すること。東京の魅力ある資産を磨き直し、国際競争力を向上させること。都民一人ひとりが活躍できる、安心できる社会にステージアップすることである。

そのための大原則を「都民ファースト」「情報公開」「賢い支出（ワイズスペンディング）」とする。私たちが自らの名に「都民ファースト」を冠するのは、都政の第一目的は、都民の利益を最大化すること以外にないと考えるからである。一部の人間、集団の利益のために都政があってはならない。

（略）

（都民ファーストの会「綱領」より引用）

ぜひ綱領の全文、そして政策は自身の目で確かめてほしい。長いが、包括的政策というよりは、いくつかの政策を強調するにとどまっていることがわかるはずだ。

「減税日本」はどうか。

◇減税日本「綱領」

基本理念
・行政の無駄を不断に見直し、徹底した行財政改革により税を国民に還元する。
・議員はパブリックサーバントであるべきで、高額報酬を求めたり、指定席化により広く市民が議員になることを妨げたりすべきでない。

・税源委譲・財政自立を伴う真の地域主権および住民自治を推進する。

基本政策
・各種減税の実現
・税源、課税権の委譲を含む地域主権の推進
・真の住民自治の推進

（減税日本「綱領」より引用）

なお、「減税日本」にはその他に、「政策」というページがあり、「①減税」「②議員のパブリックサーバント化」「③一人の子も死なさないナゴヤ」「④中央集権打破」が打ち出されている。③を除くと、「綱領」との大きな違いは認められず、むしろ重複が気になるところである（このバージョンが2022年版で最新版ということのようだ）。

国政政党地域支部の場合

次に国政政党の地域支部を見てみよう。

国政政党の代表例ということで、まずは自民党の地方支部に注目してみることにしたい。

自民党東京支部（正式には「自由民主党東京都支部連合会」）のウェブサイトを見てほしい。そこには、「東京が、もっと好きになる」という巨大なキャッチコピーが表示されるばかりだ。

「綱領」は存在するが、やはり具体的な数値目標などは掲げられていない。「新しい憲法の制定を」といった地方政治との関係や意図を図りかねる項目が目を引くが、東京都に特化した主張などはあまり見当たらないように思える。

自民党大阪府連（自由民主党大阪府支部連合会）はどうか。

同府連のウェブサイトを開いてみると政策が並ぶ。さすがに二つの首長、それぞれの議会過半数、衆院小選挙区のすべての議席を維新に握られているという、他党も同様だが極めて厳しい情勢だけあって、「次世代をつなぐ先進都市へ 命を守る。未来を創る。」というキャッチコピーのもと、「命をまもる」「未来を創る」のそれぞれのサブカテゴリーに、医療体制の拡充、先進防災都市の実現、規制緩和によるスーパーシティ構想や、子どもへの未来投資と給付型子育て政策などの政策が主張されている。ただし、やはり数値目標や達成年度目標は示されていなかった。

野党第一党にも目を向けておこう。

立憲民主党東京都連（立憲民主党東京都総支部連合会）のウェブサイトを訪れてみると、こちらには綱領に類するものが見当たらない代わりに、都連としての近況が更新されている。

東京都だけではなく大阪府の場合はどうか。立憲民主党大阪府連（立憲民主党大阪府総支部連合会）のウェブサイトもほぼ東京都連と同様で、近況が目に付くが、独自の綱領などは見当たらないようだ。

他の国政政党でいえば、公明党東京都本部は会員専用コンテンツが中心のようだ。公明党大阪府本部のウェブサイトは、独自の政策の打ち出しこそ弱いものの、現代的なウェブサイトで、発信が広がりをもっているかどうかはさておくとして、頻繁に更新されている様子がうかがえる。

なぜ日本の地方政治は「政策不在」なのか

このように「再生の道」だけが政策を欠いているわけではなく、先行する地域政党や国政政党地方支部も同様の傾向なのである。都民ファーストの会の綱領や自民党東京都支部連合会の方針を見ても、具体的な政策より理念などの抽象的な記述がやたらと強調されている。

要するに、「再生の道」に限らず、先行する地域政党や国政政党地方支部においても、幅広く「政策がない」か、有権者に積極的に周知する気がない状況なのだ（ただし、大阪維新の会は、さすがに大阪を本拠地として、過去10年以上にわたって活動してきただけに、同党のウェブサイトは政策を含めて大変充実している。また選挙が近づくと、各党の陣営が突如「政策」に注力し、周知し始めることも、筆者は認識している）。

なぜ、日本の地方政治は、このような「政策不在」という状況になってしまっているのだろうか。

さしあたり二つの理由を考えてみることができる。

一つは日本の地方政治は、首長と議会それぞれが直接選挙で選ばれる二元代表制であり、首長が政策を推進するアクセル役で、議会はブレーキ役的性質であることがはっきりしていることだ。政党においても、国政政党の地方支部的性格が強いからか、現実的な政策よりも、いくつかのエッジの立った強い主張を強調したほうが合理的だという判断が働いているのではないか。

もう一つは、端的に怠慢の可能性だ。日本の選挙運動期間は短く、その期間に関心が集中する。両者の結果として、低投票率で、「いつものメンバー」が当選するような選挙が常態化しているとすれば、圧倒的多数の無党派層には眠っていてもらったほうが、「いつものメンバー」にとっては断然都合が良い。したがって地方政治に特化した組織としての情報発信に注力する意欲を失っていると考えられるのである。

このように、先行する地域政党や国政政党地方支部と「再生の道」を比較したときに、「再生の道」に対して「政策がない」という批判が成立するだろうか。最後発の「再生の道」だけを酷評するのはいささか公平性に欠くのではないか。

同時に、「再生の道」にこのような批判が寄せられることで、日本の地方政治では、選挙運動期間ではない平時に、定量的な形で示される包括的政策が乏しいか、有権者に周知されていないという現状が明るみに出されたともいえる。既存政党は猛省すべきだ。

「公選法違反問題」の影響は限定的

ほかにも哲学者の東浩紀氏のように「再生の道」があまりにゲーム的であり理念に欠くことを批判する声もある。だが、挑戦者が法令の範囲内でハックを試みることが許容されないのであれば、既存政党による寡占状態とそのことによる弊害の解消は困難だ。手法が法令の範囲内であるならば、その挑戦者に対する支持不支持とは別の形で評価、分析されてもよいかもしれない。

筆者は石丸氏の「人間性」や「信念」を論評の対象としていないが、それらに言及するのであれば、誹謗中傷にならないように慎重に、しかし具体的な実証やデータの摘示が必要だと考える。なお筆者は本文中にも述べたように、石丸氏が「優れたゲームクリエイター的手腕を有する」と捉えているが、同時に石丸氏に「ゲームクリエイター的手腕しかない」とは考えていない。

最後に石丸氏の都知事選での選挙運動をめぐる公選法違反疑惑について述べておくことにしたい。

この問題については、『週刊文春』が2025年2月13日号と翌2月20日号で前者は見開き2ページ、後者は本文トップで4ページにわたって報じ、続報も掲載されている。すでに24年都知事選の選挙違反取締本部は解散している。市民団体による刑事告発が報じられているため、受理された場合には、捜査が行なわれ、起訴か不起訴かが決まる。後者の場合、はっきりした理由は示されない。

日本の場合、起訴に至ると善かれ悪しかれ9割を超える高い割合で有罪判決が出されることが、経験的に知られている。

文春報道によれば、公選法違反疑惑は、石丸氏本人というよりはもっぱら陣営に向いているようだ。だが、その場合にも、罰金刑等の有罪判決が確定すると、連座制で候補者本人が公民権停止となる可能性がある（免責される場合もある）。そうすると、2028年の東京都知事選挙に石丸氏が立候補できなくなってしまうかもしれない。これが筆者の考えるワーストシナリオだ。

だが、刑事告発の受理から判決確定までには相当の時間がかかる。2025年6月22日投開票予定の東京都議会議員選挙までに判決が確定するとは考えにくいし、何より石丸氏は都議選の候補者ではない。極論すれば、法的には現在の「再生の道」の活動を阻害する要因はほぼないのではないか。

ありうるとすれば、社会的な評判の毀損《きそん》に伴うレピュテーション・リスクだろう。とはいえ、肌感覚で言えば石丸氏周辺の熱量は高い。公選法違反は、必ずしも金額ありきではなく、悪質性などを含めて総合的に判断される。そのためどうなるかは「わからない」としか言いようがないのだが、仮に選挙違反が認められた場合にも、既存政党の支持層とさほど重複しない石丸氏の支持層においては、かえって結束が固まることもありうるように思われる。

石丸氏を理解することなくして今後の日本政治は理解できない

このような課題も抱えながら、ネットとリアルが融合した新しい取り組みである「再生の道」はどこへ行くのだろうか。議席をどの程度獲得できるのか、あるいはできないのか。そのときに石丸氏はどのような打ち手を構想しているのだろうか。

しかし、それは結果に依拠するため予測困難というほかなく、本解説はひとまずここまでとして、そろそろ締めくくることにしたい。

石丸氏と「再生の道」が壮大な挑戦として成功するのか、それとも風車に挑む騎士のように終わるのか。

「再生の道」の挑戦には、予言の自己成就的に「成功」を具体化する仕掛けが最初から織り込まれている。最終的に１１００人を超える立候補者がエントリーし、その挑戦に対し、若い面接官が質問する時点で、新しい、そしてリアルな「政治参加」が促されている。始まる前から、「再生の道」の挑戦は部分的ながらすでに「成功」しているのだ。

その「成功」体験があれば、議席数にこだわることなく、横展開や国政への挑戦、また予想できない石丸氏流の政治ハックを演出できるのではないか。

そして「成功」か「失敗」かにかかわらず、政治的挑戦は記憶され、誰かに継承されていく。それがこの間の地方政治における挑戦から我々が学んだことであり、近年の政治ハックの「進化」の成果でもある。「政策不在」と関心不足、それらによる機能不全は、石丸氏もさることながら、既存の地方政治にこそ向けられるべき批判でもあるだろう。既存政党のみならず有権者もそのことを認識すべきだ。

それだけに、石丸氏を好むと好まざるとに関係なく、その行動原理と打ち手をひとまず正確に認識することは、今後の地方政治、そして日本政治を理解する鍵となるように思われる。

批判は理解してからでも遅くはないし、どうせ批判するならクリティカルで建設的な批判をしたい。それが筆者の願いである。

最後に本書制作に携わってくれた方々に感謝したい。

共著者の石丸氏の安芸高田市長時代や都知事選について、筆者は新聞コメントやネットで批判的な言説を展開していた。にもかかわらず、石丸氏は筆者と共演し、議論し、旅をしながら相当の時間を割いてくれた。決して居心地の良いものではなかったと思われるが、辛抱強く、そしてフェアに時間を割いてくれた。

高橋弘樹氏と株式会社tonariはビジネス動画メディアReHacQの番組を通じて、石丸氏との接点をたびたび作ってくれた。ReHacQなくして、本書はなかっただろう。

幻冬舎の箕輪厚介氏と小木田順子氏は考えられないほど早く書籍を企画し、対談を収録し、常識外れのプロモーションを展開した。小木田氏とは幻冬舎新書での前編著『民主主義〈一九四八―五三〉中学・高校社会科教科書エッセンス復刻版』（2016年）以来の仕事である。

ライターの荒井香織氏は、短い期間で、迅速かつ丁寧な取りまとめで、原稿と注釈を作成してくれた。

写真家の野口博氏は、素晴らしいカバー写真と章扉写真を撮り下ろしてくれた。

その他すべての関係者に感謝して、本書が日本と地方、そして石丸氏と「再生の道」を正確に理解する、「再生の道標《みちしるべ》」になることを期待しながら筆をおくことにしたい。

2025年3月

【資料】地域政党「再生の道」とは？（「再生の道」ウェブサイトより）

政治、地方、日本の再生に向けて

この度、地域政党「再生の道」を立ち上げました。党の活動を通して、誰もが政治家を志せる社会、皆が政治に関心を持てる社会を目指します。

求めるのは、短期的な視点だけでなく、中長期的な視点に立ち、都民の利益を最大化する合理的な判断ができる人材です。

政治の再生を東京都から始めましょう。

日本再生のため、皆さんの力を貸してください。

石丸伸二

目的（Purpose）

地域政党として、広く国民の政治参加を促すとともに、自治体の自主性・自立性を高め、地域の活性化を進める。

目標（Objective）

２０２５年６月の都議選に向けて候補者を擁立する。

綱領（Charter）

多選の制限のみ（２期８年を上限とする）。

候補者概要（overview）

・被選挙権を有する東京都民から公募する。
・全42選挙区で候補者の擁立を目指す。定数３以下の選挙区は各１名、定数４以上の選挙区は各２名が目安。

・住所または勤め先等の関係を有する選挙区を立候補の対象とする。
・年齢、職業等による制限は設けないが、即戦力となる人材を求める。
・現職の応募があった場合は当該選挙区の候補とする。ただし、次の選挙から2期8年を超えない。
・首長・副首長経験者の応募があった場合は候補とする。
・選考においては都議後のキャリア・プランも重視する。
e.g. 都議の経験を踏まえて起業・転職したい、元の仕事に戻りたい。
都議の経験を活かして国政選挙・首長選挙・市区町村議会議員選挙に出たい。
・多選の制限を遵守する限りにおいては国政政党等への所属も許容。

著者略歴

石丸伸二《いしまるしんじ》

一九八二年八月、広島県高田郡吉田町（現・安芸高田市）生まれ。京都大学経済学部卒業。三菱東京ＵＦＪ銀行（現・三菱ＵＦＪ銀行）行員を経て、二〇二〇年八月に安芸高田市長選挙で初当選（二四年六月まで市長）。二四年七月、東京都知事選挙に挑戦。ＳＮＳとユーチューブ動画を駆使して「石丸旋風」を巻き起こし、一六五万八三六三票を獲得して現職・小池百合子知事に次ぐ第二位に食いこむ。二五年一月、地域政党「再生の道」を旗揚げ。来る東京都議会議員選挙（二五年六月一三日告示、六月二二日投開票）で、全四二選挙区に最大六〇人の擁立を目指す。著書に『覚悟の論理　戦略的に考えれば進む道はおのずと決まる』『シン・日本列島改造論』がある。

西田亮介《にしだりょうすけ》

一九八三年五月、京都府京都市生まれ。慶應義塾大学総合政策学部総合政策学科卒業。同大学院政策・メディア研究科修士課程修了。同博士課程単位取得退学。博士（政策・メディア）。慶應義塾大学大学院政策・メディア研究科助教（有期・研究奨励Ⅱ）、立命館大学大学院先端総合学術研究科特別招聘准教授、東京工業大学（現・東京科学大学）大学マネジメントセンター准教授、同大学リベラルアーツ研究教育院准教授を経て、二〇二四年四月より日本大学危機管理学部教授。東京科学大学リベラルアーツ研究教育院特任教授も務める。『ネット選挙　解禁がもたらす日本社会の変容』『ネット選挙とデジタル・デモクラシー』『メディアと自民党』『情報武装する政治』『コロナ危機の社会学　感染したのはウイルスか、不安か』など著書多数。

幻冬舎新書 762

日本再生の道

二〇二五年四月二十五日 第一刷発行

著者 石丸伸二＋西田亮介
発行人 見城 徹
編集人 小木田順子
編集者 箕輪厚介
発行所 株式会社 幻冬舎
〒一五一-〇〇五一 東京都渋谷区千駄ヶ谷四-九-七
電話 〇三-五四一一-六二一一（編集）
〇三-五四一一-六二二二（営業）
公式HP https://www.gentosha.co.jp/
ブックデザイン 鈴木成一デザイン室
印刷・製本所 中央精版印刷株式会社

Printed in Japan ISBN978-4-344-98765-4 C0295
い-42-1

＊この本に関するご意見・ご感想は、左記アンケートフォームからお寄せください。
https://www.gentosha.co.jp/e/

幻冬舎新書

斉藤勝久
占領期日本 三つの闇
検閲・公職追放・疑獄

ＧＨＱによる郵便・新聞・放送への検閲、21万人もの公職追放ほか、日本人が敗戦国の屈辱と悲哀を味わわされた占領期。今も続く対米従属のルーツである日米関係の「不都合な7年間」を克明に描く。

鈴木大介
貧困と脳
「働かない」のではなく「働けない」

約束を破る、遅刻する、だらしない――貧困当事者に共通する特徴は、「怠け」「甘え」ではなく「働けない脳」が原因ではないか？　当事者の自責・自罰からの解放と、周囲による支援を訴える。

坂東眞理子
人は本に育てられる

幼少期はとにかく手に汗握る面白い本を、大量に読むのが良い。社会人は通勤時間こそが唯一の読書時間と心得よ。77歳、活力の源は「読書」にあり。本が一生の友になる、実践的読書論。

出口治明
逆境を生き抜くための教養

脳出血で失語症・右半身まひという後遺症を抱えた著者。復帰の支えとなったのは読書で得てきた「知の力」だった。「知は力なり」を身をもって体験した著者に学ぶ、逆境で役立つ知識・物事の考え方。